资助项目：西华大学人才引进项目"环境风险和政府补贴对□□□□业绩效影响的研究"（w2320074）

Research on the Impact of Environmental
Risks and Government Subsidies on the
Financial Performance of Chinese
Renewable Energy Firms

环境风险和政府补贴对中国可再生能源企业财务绩效影响的研究

张雯雯 ◎著

经济管理出版社
ECONOMY & MANAGEMENT PUBLISHING HOUSE

图书在版编目（CIP）数据

环境风险和政府补贴对中国可再生能源企业财务绩效影响的研究 / 张雯雯著. -- 北京：经济管理出版社，2024. -- ISBN 978-7-5096-9806-8

Ⅰ．F426.2

中国国家版本馆 CIP 数据核字第 2024FN6780 号

组稿编辑：白　毅
责任编辑：白　毅
责任印制：许　艳
责任校对：王淑卿

出版发行：经济管理出版社
　　　　　（北京市海淀区北蜂窝 8 号中雅大厦 A 座 11 层　100038）
网　　址：www. E-mp. com. cn
电　　话：（010）51915602
印　　刷：唐山玺诚印务有限公司
经　　销：新华书店
开　　本：720mm×1000mm/16
印　　张：11. 75
字　　数：204 千字
版　　次：2024 年 8 月第 1 版　　2024 年 8 月第 1 次印刷
书　　号：ISBN 978-7-5096-9806-8
定　　价：98. 00 元

前　言

面对日益严重的生态危机和能源短缺问题，各国都在致力于寻找新的发展模式，以求在不影响经济增长的情况下减少二氧化碳的排放，发展可再生能源被认为是最有效的措施之一。中国将可再生能源产业视为战略性新兴产业，并出台了一系列补贴政策大力推动它的发展。可再生能源产业的快速发展有利于保障中国的能源安全，改善能源结构，实现减排目标，促进经济发展的可持续性。在此背景下，探讨影响可再生能源企业财务绩效的因素具有重要的现实意义，可以为促进可再生能源产业的发展奠定坚实的基础。

可再生能源企业的生产、经营和发展离不开其所在区域的外部环境。特别是在当前，中国正在经历一系列的转型，可再生能源产业刚刚兴起，就面临着比较复杂的外部因素。研究环境风险如何影响可再生能源企业的财务绩效，对于企业应对外部环境变化和实现长远发展具有重要意义。同时，可再生能源项目普遍风险高、融资难度大，为支持可再生能源企业的成长，中国政府实施了多种补贴政策，但政府补贴是否能够达到预期的目的，引起了社会的广泛关注。并且，有文献研究发现，政府补贴的效果也会受到外部环境变化的影响，当可再生能源企业面临多变的外部环境时，政府补贴如何影响企业的财务绩效值得进一步探究。因此，本书旨在探讨环境风险对中国可再生能源企业财务绩效的影响，以及在不同的环境风险下，政府补贴对企业财务绩效的影响，这一探讨对于促进可再生能源企业的发展具有重要意义。

本书的主要研究工作如下：①研究环境风险和政府补贴对中国可再生能源企业财务绩效的影响。本书采用 2001~2018 年共 198 家可再生能源上市企业的非平衡面板数据样本，并使用国际国家风险指南（International Country Risk Guide，ICRG）

数据库中的四个国家风险指数（包括经济风险指数、政治风险指数、金融风险指数和综合风险指数）衡量环境风险。该风险指数的合理性和权威性在国际上得到了学者的认可，并广泛应用于研究中。本书通过建立两步差分广义矩（GMM）模型，分析不同类型的环境风险对可再生能源企业财务绩效的影响，以及政府补贴对环境风险与企业绩效之间关系的调节作用。②研究环境风险和政府补贴对不同绩效水平的可再生能源企业的影响。鉴于不同绩效水平的可再生能源企业具有不同的企业特征和经营策略，其应对风险的能力和利用政府补贴的效率也有所差别，本书进一步建立分位数回归模型，分析环境风险和政府补贴对不同绩效水平的可再生能源企业的影响，以及政府补贴对环境风险和不同绩效水平的可再生能源企业之间关系的调节作用。③研究环境风险和政府补贴在不同金融发展水平下对可再生能源企业的影响。有研究表明，金融发展分别与环境风险、政府补贴对企业绩效具有交互影响，且金融发展水平是除政府补贴外，可再生能源企业从外部获得资金的另一重要影响因素。所以，本书通过主成分分析法构建了三个维度的金融发展指标（包括银行业发展、股票市场发展和综合金融发展指标）来衡量金融发展水平，并进一步建立动态面板门槛模型，分析在不同的金融发展水平下，环境风险和政府补贴的交互作用对可再生能源企业财务绩效的非线性影响。另外，本书基于以上问题，对不同产权性质的可再生能源企业进行异质性分析。

本书的研究成果源于笔者在西南财经大学产业经济研究所攻读博士学位期间和进入西华大学管理学院以来的研究工作总结。

在长期的研究过程中，笔者的研究工作得到了来自学术界众多学者的鼓励、指导、支持与帮助，在本书出版之际，首先要感谢笔者的博士生导师邱奕宾教授在笔者攻读博士学位期间以及工作以来的悉心指导与帮助；还要感谢西华大学管理学院的领导、同仁给予的支持与鼓励。本书的研究和出版得到了西华大学人才引进项目（w2320074）的资助，在此一并表示感谢。

鉴于能源经济研究的复杂性和应用背景的变化，受限于笔者的知识修养和学术水平，书中难免存在不足与疏漏之处，恳请读者不吝赐教。

张雯雯

2023 年于成都

目　录

第一章 绪论

越来越多的国家开始重视可再生能源产业的发展，在此背景下，很多研究也开始关注影响可再生能源产业发展的因素。在中国，由于经济的快速发展和变革，可再生能源企业面临比较复杂的外部因素，其中较为重要的是环境风险因素和政府补贴。因此，本书主要研究环境风险和政府补贴对中国可再生能源企业财务绩效的影响。通过对这一问题的探索，有利于丰富关于可再生能源企业财务绩效外部影响因素方面的研究，有助于为企业应对环境风险和有效利用政府补贴提供建议，也有助于为政府制定有效的可再生能源发展政策提供参考依据。

第一节 研究背景

一、现实背景

在全球面临环境污染越来越严重、气候变暖加快、能源资源缺乏等严峻背景下，如何在不影响经济增长速度的前提下实现可持续发展，成为世界各国广泛关注的话题。大多数国家致力于寻找新的发展模式，并认为发展可再生能源是最有效的措施之一。为实现向清洁能源的过渡，越来越多的国家实施了推动可再生能源发展的相关政策和绿色复苏计划。

中国作为世界上最大的能源消费国和温室气体排放国之一，承诺在 2030 年前达到温室气体排放峰值[①]。中国当前以化石燃料为主的能源消费结构，除带来环境问题外，也使经济严重依赖国际能源市场，特别是国际原油市场，国际原油市场的波动会给中国经济和能源安全带来威胁。为保障能源安全，实现减排目标，中国也将发展可再生能源产业视为实现可持续发展的重要举措。中国可开发利用的可再生能源包括风能、太阳能和水能等，资源丰富、潜力巨大，且发展迅猛。据中国国家能源局统计，截至 2021 年 10 月底，中国可再生能源发电量为 1002GW，比 2015 年底增长了一倍，占总发电量的 43.5%。具体而言，水力、风能、太阳能和生物质能发电量仍居世界首位，分别为 385GW、299GW、282GW 和 35GW[②]。

中国的可再生能源产业虽然发展迅猛，但仍然是一个新兴产业，其中很多都是创业企业，其发展很容易受到外部经济、金融和政治环境波动的影响。特别是当前中国经济已迈入新常态阶段，处于经济增长速度的转换节点，环境不确定性是这一阶段的重要特征。此时，可再生能源企业不仅要面临短期的经济增长波动、金融环境波动和经济政策波动，未来所处的经济、金融和政治环境也充满诸多的不确定性（郑琼娥等，2018）。比如，2015~2017 年，可再生能源产业面临由于经济增长波动引发的国内市场需求不足等问题，加之电网建设滞后，出现了更加严重的"弃风、弃光、弃水"的"三弃"现象。以风电为例，2015 年、2016 年和 2017 年的平均"弃风"率分别为 15%、17% 和 12%[③]，这使很多可再生能源企业刚刚崛起就陷入困境，濒临倒闭，长此以往，也会影响社会投资信心，降低可再生能源企业在金融市场中的竞争力。

中国整体的政治环境比较稳定，但也存在波动周期，如地方各级政府官员的换届。稳定的政策是促进可再生能源产业发展的重要因素，自 2005 年实施《可再生能源法》以来，中国的可再生能源行业就转向了快速发展的轨道。随后，中央部委和地方政府制定了一系列部门规章、地方政府规章和其他规范性文件，继续推动着可再生能源产业的发展（Liu，2019），具体如图 1-1 所示。

[①] 资料来源于 https://www.cgs.gov.cn/xwl/tpxw/tujie/202111/t20211108_683587.html。
[②][③] 资料来源于国家能源局网站。

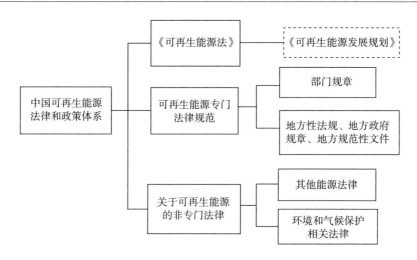

图1-1 中国可再生能源法律和政策的总体框架

由此可见，中国的可再生能源企业面临着比较复杂的外部宏观环境，其发展与国家活动有着密切的联系。研究在多变的外部环境中，可再生能源企业的财务绩效如何变化，对其应对外部环境的波动有重要意义。本书中的"环境风险"主要指可能影响企业发展和生存的外部风险因素。本书采用的国际国家风险指南（International Country Risk Guide，ICRG）数据库中的四个风险指标（即经济、政治、金融和综合风险指标），可以全面反映企业所处环境中的经济、金融和政治方面的变化。具体来讲，这些风险指标可以评估一个国家在可比基础上的经济优势和劣势，为政府、商业和贸易债务提供资金的能力（即一个国家的支付能力），以及维持政治稳定的能力。通过对国家风险指标的分析，可以帮助可再生能源企业确定不同类型的风险如何影响其当前和未来的业务与投资，继而分析不同的风险类别对其财务绩效的影响。

开发和使用可再生能源的成本远远高于常规能源，且可再生能源项目风险高、融资较困难。为促进可再生能源产业的发展，中国政府对该产业的上、中、下游企业都给予了一定程度的补贴。"政府补贴"是一种政府支持企业发展的行为，主要指政府向部分企业提供财政援助，或对价格和收入提供支持等措施（陆国庆等，2014）。中国政府已经为可再生能源产业建立了以价格补贴为主，辅以直接补贴、贴息贷款、税收优惠等方式的支持体系（俞金红和于明超，2019）。这些补贴政策主要有两大目的：一是支持企业发展，减少企业的融资约束，扩大其规模；二是促进企业的技术进步，降低其生产成本（Luo等，2021a）。但政府补贴是否能够达到预期的目的，引起了社会的广泛关注，特别是当可再生能源企业处在复杂的外部环境中时，政府补贴的效果如何发挥，也值得进一步探究。

虽然政府补贴可以为可再生能源企业提供一定的资金补充，但随着企业规模的不断扩大，财政补贴的压力逐渐增加并出现了补贴缺口，到2017年，补贴缺口超过1000亿元人民币①。受补贴拖欠的影响，可再生能源企业的现金流量往往低于常规能源企业，导致许多项目的资金启动能力下降，因此，资金缺乏成为可再生能源产业发展面临的主要障碍之一。然而，在中国政府支持可再生能源发展的利好政策下，投资者对该行业一直保持着较高的投资热情，使可再生能源领域的投资得到迅速增长。从2013年开始，中国成为可再生能源领域的全球最大投资国。2018年，该领域的投资额达921亿美元，约占全世界的1/3②。但与此同时，这种投资热情的负面影响也带来非理性和过度投资，导致资源浪费和不健康的竞争。例如，2012年，我国光伏行业受到一系列外部冲击，对该行业造成了严重的影响（Ji和Zhang，2019）。

为避免盲目投资带来一些负面影响，并为可再生能源行业发展提供充足的资金，中国政府需要建立一个完善的金融体系。"金融发展"主要指金融活动在数量和规模方面的扩大，以及金融结构的改善和金融工具的优化（张倩和张玉喜，2020）。较高的金融发展水平可以为可再生能源企业提供更多的融资渠道和更好的融资服务，提高金融资金的配置效率，促进可再生能源产业的健康发展。

通过以上现实背景的分析，可以看出外部宏观（经济、金融和政治）环境的变化、政府补贴和金融发展水平都是影响可再生能源企业财务绩效的重要因素，且它们的影响并不是孤立的，而是会相互作用的。因此，本书主要探讨环境风险和政府补贴对可再生能源企业财务绩效的影响，以及在不同的金融发展水平下，环境风险和政府补贴对可再生能源企业财务绩效的影响。

---

① 资料来源于 http：//www. gdshe. org/Item/9892. aspx。
② 资料来源于 http：//www. nea. gov. cn/2019-08/21/c_138326148. htm。

二、理论背景

可再生能源企业的财务绩效水平可以衡量其能否获得长期稳定的回报，这是可再生能源企业可持续发展的关键。因此，本书以可再生能源企业的财务绩效为研究对象，基于以下理论背景，关注环境风险和政府补贴对可再生能源企业财务绩效的影响。

（一）系统管理理论

企业绩效的影响因素可以分为内部因素和外部因素两大类。早期文献关注比较多的是企业内部的因素，如企业规模、企业年龄和负债率等。这些文献认为，企业的内部因素和资源驱动着企业的竞争力的提升，进而促进企业绩效的提高。然而，随着系统管理理论的发展，有些文献进一步认为，宏观环境中的外部因素也会影响企业的绩效（Cheong 和 Hoang，2021）。

系统管理理论主要是由 Johnson 等学者于 1963 年提出的，是指通过使用系统分析的方法探讨组织行为，以系统性、整体性地处理企业面临的问题，提升企业的运营效率。该理论认为，企业是由人员、物资、设备及其他资源组成的统一整体，这些组成要素会影响企业的成长和发展，管理者需要充分组织和利用这些要素，以适应外部条件的变化，实现经营目标。同时，在社会这个大系统中，企业属于其中的一个子系统，企业经营目标的实现，不仅取决于内部因素，还受外部因素的影响，如市场、社会技术水平、政府政策和法律制度等，企业只有良好地应对外部因素才能实现更好的发展。

通过以上分析可以看出，外部因素对企业的成长也至关重要，企业对内部资源的决定要根据对外部因素的分析作出，这样才更有利于企业的发展（Porter，1997）。首先，企业的生产、经营和发展都离不开其所在的外部宏观环境，一个国家的经济、金融和政治环境是企业直接面临的外部环境（李倩等，2019）。外部环境中的不确定性，如经济增长波动、汇率波动、制度环境变化和经济政策波动，会给可再生能源企业带来经营压力，增加非效率投资。同时，也会导致市场格局和需求结构发生变化，增加企业科学决策的难度，从而影响其财务绩效（张辽和王俊杰，2020）。政府若想更好地促进可再生能源企业的发展，就需要为其营造稳定的外部环境，尽量减少宏观环境的波动，降低环境风险。另外，政府也应提供相应的资金支持和融资条件，如政府补贴和完善的金融体系，以缓解可再生能源企业的融资约束。

（二）产业生命周期理论

产业生命周期是指产业从出现到衰退具有阶段性和共同特征的企业行为的演化过程。产业生命周期理论的发展开始于 20 世纪 80 年代，Gort 和 Klepper（1982）在产品生命周期理论的基础上进行研究，提出了产业经济学层面上的第一个产业生命周期模型，即 G-K 模型，随后出现一系列研究从不同视角对该理论进行深入探讨。

一般情况下，该理论将产业生命周期分为四个时期：导入期、成长期、成熟期和衰退期。在导入期，由于产业刚诞生，企业数目少，产品种类单一，市场需求量小，产业收益低甚至普遍亏损，进入壁垒低。在成长期，大量企业开始进入，产品种类增多，质量不断提升，市场需求扩大，产业收益较高并迅速增加，进入壁垒低，内部竞争激烈，这一时期也被认为是投资机会期。成熟期是一个产业发展相对较长的稳定期，技术较成熟，新产品开发更加困难，市场需求增长缓慢，产业具有很高的收益水平，进入壁垒高。在衰退期，由于大量替代产品的涌现，市场需求萎缩，厂商数目减少，收益降低（张会恒，2004）。

现有研究认为，可再生能源产业处在其生命周期的成长阶段（史丹，2012），在这一阶段，会有大量企业涌入该产业，这些初创的可再生能源企业的存活和财务绩效更容易受到环境风险的影响（Lucky 和 Minai，2012；Solomon 和 Muntean，2012）。同时，有研究表明，处于成长阶段的企业面临的融资约束是最严峻的（汤颖梅和王明玉，2016），且可再生能源产业具有随机性、波动性和间歇性的特点，从而使其风险性较高，需要大量的投资。政府补贴和金融发展都可以为可再生能源企业提供资金来源，缓解融资约束。在面临日益复杂的外部环境时，研究政府补贴和金融发展对可再生能源企业财务绩效的影响具有重要意义。

（三）财务柔性理论

Gamba 和 Triantis（2008）提出，财务柔性是指企业以较低的成本获得资金及调节资金结构的能力。财务柔性可以预防外部环境的不利冲击，避免企业陷入财务困境，在企业面临投资机会时提供所需资金。另外，调动财务资源以迅速利用投资机会这一行动对处在成长期的企业尤为重要。这一定义说明财务柔性主要为企业预防和利用环境变化提供资金保障。曾爱民等（2013）以2008年国际金融危机为研究背景，发现当面临环境冲击时，具有财务柔性的企业受到的融资约束更小、投资支出水平更高，财务绩效显著改善。

企业通过各种途径获得充足的资金是其保持财务柔性的一项重要措施，企业保持一定的财务柔性可以增强其应对环境风险和抓住投资机会的能力，提高其财务绩效（曾爱民等，2014）。在面对外部环境风险时，政府补贴和金融发展都可以为可再生能源企业提供资金，增加其财务柔性，提高其应对风险的能力，有助于其改善财务绩效，免于陷入财务困境。

Zhang等（2013）的讨论强调了中国政府对可再生能源项目进行财政支持的重要性。一些文献认为，政府补贴会引发寻租行为和滥用补贴等负面影响，不利于可再生能源企业财务绩效的提高（俞金红和于明超，2019；Zhu和Liao，2019）。也有一部分文献认为，政府补贴可以直接为企业提供资金支持，缓解融资约束，降低债务成本，促进企业的财务绩效（Zhang等，2014；Chen和Ma，2021）。然而，政府补贴对可再生能源企业财务绩效的影响效果也可能受到外部环境风险的影响，有效的可再生能源政策的关键作用应是减少企业面临的环境不确定性，这样才有利于企业财务绩效的提高（Barradale，2010）。在不同的环境风险水平下，企业保持盈利的能力反映了其应对风险的能力。政府补贴可以为企业提供资金，增加其财务柔性，影响企业应对外部风险的能力，从而影响其财务绩效。进一步地讲，政府补贴可能会通过缓冲企业面临的外部环境风险来影响可再生能源企业的财务绩效。例如，有研究发现，政府补贴对陷入财务困境中的企业有关键救助作用（Faccio等，2006；Blau等，2013；Tao等，2017）。因此，本书从全新的风险视角出发，探讨政府补贴对可再生能源企业财务绩效的影响，更深入地了解环境风险和政府补贴对可再生能源企业财务绩效的交互影响。

一些文献提出，一个能够提供充足资金的健全金融体系（即较高的金融发展水平）有利于促进可再生能源企业财务绩效的提高，其中一个重要的原因是金融发展可以减少金融市场上的信息不对称问题，有助于企业获得外部资金，增加其财务柔性，缓冲企业面临的外部环境风险，并促进战略行为（Guo等，2020；Iwasaki等，2021）。同时，还有文献提出，金融发展对企业财务绩效的促进作用只有在稳定的外部环境中才能更好地发挥出来（Moretti，2014；Tran 等，2020），说明金融发展和外部环境风险对可再生能源企业财务绩效可能存在交互影响。

（四）信号传递理论

信号传递理论是由经济学家 Spence 于 1973 年开创性提出的，该理论使大家认识到了信息在经济研究中的作用。企业接收政府补贴会具有向市场传递信号的作用，减少金融机构和企业间的信息不对称。具体来讲，政府补贴会向市场发出政府支持可再生能源产业的积极信号，外部投资者和机构接收到这一信号后会增加对该行业的投资意愿，使该行业在金融市场上更具竞争力。在较高的金融发展水平下，由于信号的作用，受到更多补贴支持的可再生能源企业更容易从金融市场获得融资，缓解融资约束，这有助于提高其财务绩效（高艳慧等，2012；周文婷和吴一平，2020）。

另外，在更高的金融发展水平下，政府也可以从金融市场获得更多有用的信息，有利于更有效率地分配补贴，达到补贴的预期目的（卢馨等，2018；王文华和张卓，2013）。根据以上分析，可以看出金融发展和政府补贴也可能交互影响可再生能源企业的财务绩效。

结合上述金融发展和外部环境风险对可再生能源企业财务绩效具有交互影响的分析，可以发现，金融发展分别与环境风险、政府补贴交互影响可再生能源企业的财务绩效。那么，在不同的金融发展水平下，政府补贴和环境风险对可再生能源企业财务绩效的交互影响如何变化，这是本书进一步想要探究的问题。

第二节　研究目的与意义

一、研究目的

根据以上简要的现实背景和理论背景的分析，可以看出，环境风险、政府补贴和金融发展等外部因素对中国可再生能源企业的财务绩效具有重要影响。

其中，具体的影响机制将在后续章节进行详细分析。本书的目的是探讨环境风险和政府补贴对中国可再生能源企业财务绩效的影响，并进一步检验环境风险、政府补贴与可再生能源企业财务绩效的关系在不同的企业绩效水平、不同的金融发展水平和不同的企业所有权属性下的异质性。主要包括以下四个方面的内容：

第一，探讨不同类型的环境风险（包括经济风险、金融风险、政治风险和综合风险）对中国可再生能源企业财务绩效的影响；在考虑外部风险后，政府补贴对可再生能源企业财务绩效的影响；政府补贴对环境风险和可再生能源企业财务绩效之间关系的调节作用。

第二，探讨不同类型的环境风险和政府补贴对不同绩效水平的可再生能源企业财务绩效的影响，以及政府补贴对环境风险和企业财务绩效关系的调节作用在不同绩效水平的可再生能源企业中的差异。

第三，探讨在不同的金融发展水平下（包括银行业发展水平、股票市场发展水平和综合金融发展水平），环境风险和政府补贴的交互作用对可再生能源企业财务绩效的非线性影响。

第四，由于不同产权性质的可再生能源企业具有不同的企业特征，因此，本书将进一步探讨环境风险、政府补贴和金融发展对国有和民营可再生能源企业影响的异质性。

二、研究意义

本书通过建立"环境—补贴—绩效"的分析框架，实证分析环境风险和政府补贴对中国可再生能源企业财务绩效的影响，具有重要的理论意义和现实意义。

（一）理论意义

第一，本书构建了环境风险和政府补贴对可再生能源企业财务绩效交互影响的理论框架。从全新的风险视角更深入地探讨政府补贴对可再生能源企业财务绩效的影响，进一步补充政府补贴和可再生能源企业财务绩效关系方面的文献。同时，当前文献主要关注环境风险因素和政府补贴对企业绩效平均分布的影响，鉴于不同绩效水平的可再生能源企业在应对风险的能力和利用政府补贴的效率方面有所差别，本书采用分位数回归方法探讨环境风险和政府补贴对可再生能源企业财务绩效整体分布的影响，丰富关于环境风险因素和政府补贴对不同绩效水平的可再生能源企业财务绩效影响的研究。另外，本书探讨了在不同的金融发展水平下，政府补贴和环境风险对可再生能源企业财务绩效的交互影响，丰富了相关的文献。

第二，本书选取了更全面的指标衡量环境风险和金融发展。首先，相比现有文献仅考察单一外部环境因素对企业绩效的影响，本书采用可以综合衡量国家环境风险的四个指标（即经济风险、金融风险、政治风险和综合风险指标），从经济、金融、政治和综合角度更全面、更系统地分析环境风险对可再生能源企业财务绩效的影响，进而弥补当前文献对环境风险和可再生能源企业财务绩效关系研究方面的缺失。其次，现有文献主要研究了金融体系中的银行业对企业绩效的影响，几乎忽视了股票市场方面的影响。本书通过主成分分析法构建了银行业发展指标、股票市场发展指标和综合金融发展指标，可以全面地衡量金融市场发展，进一步丰富了金融发展和可再生能源企业财务绩效关系方面的文献。

第三，本书为微观视角的研究做出有益补充。大多数文献侧重于研究风险因素对宏观层面（国家级）的可再生能源生产、消费和投资的影响。本书以微观层面（企业级）的可再生能源企业的财务绩效为研究对象进行分析，可以为促进行业的发展奠定微观理论基础。

（二）现实意义

第一，为可再生能源企业更好地应对外部环境风险、更有效率地使用政府补贴，以及更好地选择外部融资方式等方面提供有利的建议。通过全面分析环境风险和政府补贴对可再生能源企业财务绩效的影响，以及环境风险和政府补贴在不同的金融发展水平下对可再生能源企业财务绩效的交互影响，可以使可再生能源企业更好地认识其在面临不同的外部环境风险及金融发展水平时，如何充分利用政府补贴提高企业的财务绩效，为企业的长远发展奠定了一定基础。

第二，为政府制定有效地促进可再生能源企业发展的政策提供建议。我国正处于经济快速增长和变革的特殊时期，可再生能源企业会受到很多风险因素和不确定因素的影响，通过本书的分析可以使相关部门更加了解其在调整经济、金融和政治政策时对可再生能源企业财务绩效带来的影响，可以为相关部门在面临不同的风险环境和金融发展水平时，制定更加合理的补贴政策提供一定的参考。

第三，可以帮助相关部门了解外部因素对不同绩效水平和不同产权性质的可再生能源企业财务绩效的影响，有助于其制定更有针对性的政策以更好地促进可再生能源产业的发展。

第三节　研究思路

根据上述研究目标，本书设计了如图 1-2 所示的基本研究思路。首先，在对我国经济、金融、政治和补贴政策等基本背景分析，以及环境风险、政府补贴和金融发展对企业绩效影响的相关文献的梳理和分析的基础上，本书提出主要关注的三个研究问题，即环境风险和政府补贴对中国可再生能源企业财务绩效的影响；环境风险和政府补贴对不同绩效水平的可再生能源企业财务绩效的影响；在不同的金融发展水平下，环境风险和政府补贴对可再生能源企业财务绩效的非线性影响。

其次，本书构建了环境风险和政府补贴对可再生能源企业财务绩效影响的理论框架，分析不同类型的环境风险对可再生能源企业财务绩效的影响，以及政府补贴对这一影响的调节作用。进一步分析了不同类型的环境风险以及政府补贴对不同绩效水平的可再生能源企业财务绩效的影响，以及政府补贴对环境风险和不同绩效水平的可再生能源企业财务绩效之间关系的调节作用。进一步分析了在不同类型的金融发展水平下，政府补贴对环境风险与可再生能源企业财务绩效之间关系的调节作用。在这些理论分析的基础上，提出对应的研究假设。

再次，通过建立两步差分广义矩（GMM）模型、分位数回归模型和动态面板门槛模型，并采用四个国家风险指标（包括经济风险、金融风险、政治风险和综合风险指标）和三个金融发展指标（包括银行业发展指标、股票市场发展指标和综合金融发展指标），实证检验了环境风险和政府补贴对中国可再生能源企业财务绩效的影响，验证提出的研究假设。

最后，依据实证结果和经济解释提出对应的研究结论与相关的政策建议。

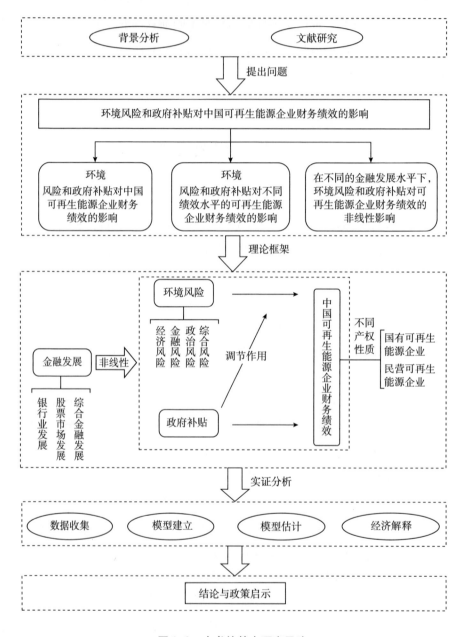

图1-2　本书的基本研究思路

第四节 研究方法

为实现以上研究思路，探讨环境风险和政府补贴对中国可再生能源企业财务绩效的影响，本书主要采用的研究方法包括文献研究法、实证研究法和对比研究法，具体介绍如下：

一、文献研究法

本书通过采用文献研究法，厘清当前研究的动态及存在的问题，构建相关理论框架。具体地，本书首先对环境风险、政府补贴和金融发展对企业绩效影响的相关文献进行梳理，总结和归纳之前文献中的研究缺陷及问题，并进一步结合中国背景和可再生能源行业的特殊性，提出环境风险和政府补贴对中国可再生能源企业财务绩效影响的理论框架，使本书的研究问题在理论框架内进行。

本书基于系统管理理论和产业生命周期理论，主要关注外部环境中的风险因素对可再生能源企业财务绩效的影响，发现当企业面临外部环境风险时，政府补贴会在其中起调节作用，从而进一步建立"环境—补贴—绩效"的研究范式。由于可再生能源行业的特殊性，其研发和生产都需要投入大量的资金，因此金融发展水平对其发展具有重要作用。本书基于财务柔性理论和信号传递理论，进一步关注在不同的金融发展水平下，环境风险和政府补贴对可再生能源企业财务绩效的交互影响。此外，本书基于相关理论的分析和框架的构建，提出相关的研究假设。

二、实证研究法

本书在上述理论框架的基础上构建实证模型，通过理论和实证方法的结合，探讨环境风险和政府补贴对可再生能源企业绩效的影响。本书采用 2001～2018 年共 198 家可再生能源上市企业的非平衡面板数据集进行实证分析，验证相关的研究假设。首先采用描述性分析、相关性分析和单位根检验等方法，了解整体数据集的特征和情况。其次建立相关模型对研究假设进行检验。

具体地，本书通过设立 GMM 模型来分析环境风险对可再生能源企业财务绩效的影响，以及政府补贴在其中的调节作用。通过设立分位数回归模型来分析环境风险和政府补贴对不同绩效水平的可再生能源企业的影响；通过设立动态面板门槛模型来分析在不同金融发展水平下，政府补贴对环境风险和可再生能源企业财务绩效之间关系的调节作用。

另外，本书还将企业按所有权性质进行划分，进一步研究环境风险、政府补贴和金融发展对不同所有权性质的可再生能源企业财务绩效的影响，使相关实证结果更加具体化。同时还进行一些稳健性检验，从而验证结果的可靠性。

三、对比研究法

无论是在构建环境风险和政府补贴对可再生能源企业财务绩效影响的理论框架中，还是在实证检验环境风险、政府补贴与可再生能源企业财务绩效之间的关系中，本书一直都在进行对比研究。

一方面，本书采用不同的变量衡量环境风险、金融发展和企业的财务绩效，以对比不同类型的环境风险对可再生能源企业财务绩效影响的差异；对比在不同的金融发展水平下，环境风险和政府补贴对可再生能源企业财务绩效影响的差异；对比当采用不同的变量衡量企业的财务绩效时，环境风险和政府补贴对其的影响是否有差异。

另一方面，本书将可再生能源企业总样本按产权性质划分为子样本，通过对比不同子样本的实证结果，分析环境风险和政府补贴对不同产权性质的可再生能源企业绩效影响的差异。

第五节　创新点

本书从外部环境风险的全新视角出发，构建了全新的分析框架，探讨环境风险和政府补贴对中国可再生能源企业财务绩效的影响，发现不同类型的环境风险对可再生能源企业财务绩效具有不同的影响，并验证了政府补贴在其中的负向调节作用。同时，本书考虑了不同绩效水平的可再生能源企业表现的差异。另外，本书进一步将政府补贴和环境风险对可再生能源企业财务绩效的交互影响作为全新的影响渠道，考察其在不同金融发展水平下的变化。对影响中国可再生能源企业的这些外部因素的考察，对政府制定关于促进可再生能源发展的政策具有重要的参考价值。本书的主要创新之处包括以下几个方面：

第一，现有文献主要从宏观角度（国家层面）分析单一外部风险因素对可再生能源企业的影响，这些研究显然忽略了风险与微观绩效（企业层面）之间的关系。实际上，可再生能源企业的绩效水平是一个国家能否顺利部署可再生能源的关键，中国是世界第二大经济体，其可再生能源企业的发展甚至与全球环境的改善有关。因此，本书以中国可再生能源企业的财务绩效为研究对象，实证分析不同类型的环境风险对其绩效的影响。另外，现有文献仅考察了单一外部风险因素（如政策不确定性）对可再生能源的影响，严格地说，这些研究没有考虑环境风险的概念。由于企业面临的外部环境风险具有复杂性，这些文献所使用的单一指标也不能很好地衡量环境风险。为改善这一问题，本书采用了 ICRG 数据库中的四个风险指标，可以从经济、金融、政治和综合方面全面地衡量环境风险。

第二，本书从全新的环境风险视角分析了政府补贴对可再生能源企业财务绩效的影响。尽管现有文献研究过政府补贴与中国可再生能源企业财务绩效之间的关系（Zhang 等，2014），但这些研究主要集中在可再生能源企业补贴的具体政策工具的选择和分析上，忽略了政府补贴是否可以帮助中国可再生能源企业应对外部环境风险。根据财务柔性理论，在面对外部环境风险时，政府补贴可以为可再生能源企业提供资金，提高其应对风险的能力，进而改善财务绩效。因此，本书在研究环境风险与中国可再生能源企业财务绩效之间的关系时，考虑了政府补贴的调节作用。

第三，鉴于不同绩效水平的可再生能源企业具有不同的企业特征和经营策略，其应对风险的能力有所差别，利用政府补贴的方式和效率也有所差别，所以环境风险和政府补贴对不同绩效水平的可再生能源企业的影响会有所不同，而已有文献忽略了对不同绩效水平的可再生能源企业异质性的考察。本书从微观视角出发，探讨不同类型的外部环境风险和政府补贴对不同绩效水平的可再生能源企业财务绩效影响的差异，丰富了相关的研究。

第四，本书探讨了在考虑不同金融发展水平时，政府补贴和环境风险对可再生能源企业财务绩效的交互影响。处于转型期的中国可再生能源企业面临着复杂的外部因素，探索这些因素对企业财务绩效的复杂交互影响，对于促进中国可再生能源企业的发展具有重要意义。另外，Ji 和 Zhang（2019）的研究表明，股票市场是促进中国可再生能源份额增加的重要因素。然而，相关文献在衡量金融发展时主要使用银行业发展指标，忽略了股票市场发展这一重要指标。为更全面地探讨金融发展对可再生能源企业财务绩效的影响，本书采用主成分分析法构建了三个金融发展指标（即银行业发展指标、股票市场发展指标和综合金融发展指标），这些指标可以从不同维度更好地衡量金融发展水平。

第六节　结构安排和主要内容

本书主要分为六章，关键内容的安排如下：

第一章为绪论。主要介绍本书的现实和理论背景、主要的研究问题和目的、研究意义、所采用的研究思路和方法以及创新点等。

第二章综述了相关的重要文献。该章主要从环境风险对企业绩效的影响，政府补贴对企业绩效的影响，政府补贴对环境风险和企业绩效的调节作用，以及金融发展分别和环境风险、政府补贴对企业绩效的交互影响四个方面进行相关的文献综述，并根据对当前文献的分析，阐述其存在的不足和缺陷。这部分的分析为后续的研究提供了理论框架和基础。

第三章主要研究了环境风险和政府补贴对可再生能源企业财务绩效的影响。该章首先分析了环境风险和可再生能源企业财务绩效之间关系的相关理论以及政府补贴对这一关系的调节作用，并认为不同类型的环境风险对中国可再生能源企业财务绩效的影响会不同，政府补贴对环境风险与中国可再生能源企业财务绩效之间的关系具有调节作用。其次构建 GMM 模型检验这些设想，并讨论分析相关结果。

第四章主要研究环境风险对不同绩效水平的可再生能源企业财务绩效的影响，以及政府补贴对这一关系的调节作用。首先分析了环境风险和政府补贴对不同绩效水平的可再生能源企业财务绩效影响的作用机制，以及政府补贴调节作用的机制，并认为环境风险对不同绩效水平的可再生能源企业的财务绩效有不同的影响。即政府补贴对绩效水平较低的可再生能源企业的财务绩效具有正向影响，而对绩效水平较高的可再生能源企业的财务绩效具有负向影响，且政府补贴对环境风险和不同绩效水平的可再生能源企业财务绩效之间的关系具有不同的调节作用。其次构建分位数回归模型检验这些设想，并讨论分析相关结果。

第五章主要研究在不同的金融发展水平下，政府补贴和环境风险对可再生能源企业财务绩效影响的变化。首先分析了环境风险与金融发展对可再生能源企业财务绩效交互影响的作用机制、政府补贴与金融发展对可再生能源企业财务绩效交互影响的作用机制、政府补贴与环境风险对可再生能源企业财务绩效交互影响的作用机制，并认为在不同的银行业发展、股票市场发展和综合金融发展水平下，政府补贴对环境风险与可再生能源企业财务绩效之间关系的调节作用不同。其次构建动态面板门槛模型检验这些设想，并讨论分析相关结果。

第六章主要总结相关结论，提出政策建议，并指出本书存在的不足以及有待进一步改进的方向。

第二章　文献综述

本书主要探讨环境风险和政府补贴对可再生能源企业财务绩效的影响，以及在不同的金融发展水平下，环境风险和政府补贴对可再生能源企业财务绩效的影响。相关文献可以划分为环境风险对企业绩效的影响，政府补贴对企业绩效的影响和政府补贴的调节作用，金融发展分别和环境风险、政府补贴对企业绩效的交互影响三个方面。

第一节　环境风险和企业绩效

关于环境风险和企业绩效的关系，已经有少量文献关注了整体外部环境的波动或不确定性对企业绩效的影响。例如，吴金南和黄丽华（2014）通过使用企业五年营业收入的标准差和均值的比值衡量企业面临的环境不确定性，发现环境不确定性可以调节信息技术能力和企业财务绩效之间的关系。在波动较大的环境下，信息技术能力有助于持续降低企业的经营成本。Chi‑Chuan Lee 和 Chien‑Chiang Lee（2019）研究发现，稳定的国家环境，特别是稳定的经济和政治环境，可以减小石油价格对银行绩效的不利影响。何文韬和肖兴志（2018）研究了产业扰动对中国光伏企业生存的影响，提出高扰动的外部环境会改变企业的竞争优势，为企业带来较高的退出风险，不利于企业的生存和可持续发展，而微观层面的政府补贴、企业规模和企业年龄等会降低企业的退出风险。

另有少量文献关注宏观经济、金融和政治环境中多方面的因素对企业绩效的影响，并发现不同的因素对企业绩效的影响有所不同。例如，Onakoya（2018）研究了 1981~2015 年宏观经济因素变化对尼日利亚制造业企业绩效的影响，发现 GDP 和失业率均对产出有显著的积极影响，而通货膨胀率、广义货币供应量和汇率对产出有负面影响。

关于环境风险对可再生能源发展的影响，部分研究通过文献综述、专家访谈及案例分析等方式，对影响可再生能源项目投资的因素进行风险分析和评估。Gatzert 和 Kosub（2016）以欧洲市场的陆上和海上风电场为案例，认为政策和监管风险是影响可再生能源投资的主要障碍，保险和替代风险缓冲措施会对风险产生限制作用。Erfani 和 Tavakolan（2020）的研究表明，法规和政策的变化、原材料进口对国际市场的依赖、市场竞争力是影响风能投资项目最重要的风险因素。Angelopoulos 等（2017）的研究表明，政策设计风险、融资风险和社会接受风险是影响希腊可再生能源投资最重要的三个风险因素；理论建模结果表明政策设计风险是资本成本公式中的主要影响参数，而资本成本对可再生能源投资具有重大影响。Liu 和 Zeng（2017）对中国可再生能源投资项目进行分析，发现在项目的早期开发阶段，投资的主要不确定影响因素是政策风险，而随着开发阶段的成熟，投资的主要影响因素变为市场风险。

一些文献同时关注宏观经济、金融和政治环境中多方面的因素对可再生能源的使用、生产和绩效的影响。Pacesila 等（2016）提出，欧盟国家的能源消费受可再生能源生产率的影响，但也受其他经济、社会和政治因素的影响，包括经济发展、国家规模、国家能源消耗量（国内和工业）、能源效率、国家能源政策、地缘战略地位、外交政策以及能源安全，这些因素是未来研究可再生能源消费影响因素的主题。Akintande 等（2020）采用 34 个宏观经济、社会经济和制度质量方面的变量进行研究，发现某些因素的增加，包括人口、电力需求/消耗等，都会导致可再生能源消费的增加。Bayale 等（2021）以西非经济货币联盟国家为样本，研究社会经济和金融环境等因素对可再生能源生产的影响，发现可再生能源消费、人均实际 GDP、能源投资、城市化和失业会刺激可再生能源生产，而二氧化碳排放和能源进口则会抑制可再生能源生产。

Malik 等（2014）研究发现，宏观经济因素包括人口增长、城市化、工业化、汇率、通货膨胀率、食品生产指数、畜牧业生产指数和经济增长对巴基斯坦的可再生能源发展具有积极贡献，其中，经济增长的贡献最大。Irawan 和 Okimoto（2021）研究发现，全球地缘政治不稳定、全球经济政策的不确定性、国家层面的非经济不确定性以及每国的商业周期会刺激可再生能源企业过度投资，而全球商业周期和通货膨胀率会减少可再生能源企业的过度投资，滞后三期的过度投资对可再生能源企业的财务绩效具有积极影响。Gupta（2017）研究了经济和社会因素对 26 个国家的可再生能源企业财务绩效的影响，发现当地市场回报对可再生能源企业的绩效有积极影响，制度质量是可再生能源企业绩效的重要决定因素。

另外，有很多文献涉及某一方面的环境风险因素对企业绩效的影响，主要包括与经济风险、金融风险和政治风险相关的因素对企业绩效的影响，下面将进行具体综述。

一、经济风险对企业绩效的影响

关于经济风险和企业绩效的关系，已有文献关注比较多的是经济风险因素方面的经济繁荣和衰退，以及通货膨胀对企业绩效的影响。本部分主要综述这两个方面的文献，以及分析这些因素对可再生能源发展的影响。

关于经济的繁荣和衰退对企业绩效的影响，现有文献尚未得出一致的结论。经济波动可以通过影响企业的市场需求、运营管理和投资生产等进而影响企业的财务绩效。一般而言，在经济繁荣期，市场需求大且产品销量高，企业的运营资本需求大、投资生产较多，进而其财务绩效表现较好。然而，在经济衰退期，企业会减少投资，且融资困难，其财务绩效则表现较差。张辽和王俊杰（2020）基于中国工业企业的数据，研究发现经济增长水平的周期波动对企业绩效存在长期不利影响，企业对宏观经济环境适应性的提高可以提升其生存能力。Chen 等（2019）采用数据包络分析（Data Envelopment Analysis，DEA）研究发现，2005~2012 年的经济衰退使宾夕法尼亚州的医院绩效略有下降，并认为这些医院可以采取一些策略来应对经济衰退。

相反地，有部分文献发现，经济波动或经济衰退并未使企业绩效下降，或对企业绩效的影响不显著。黄新建和张德勤（2017）研究发现，经济周期对中小板和创业板制造业企业的议价能力和财务绩效之间的关系具有正向调节作用。Hansen 等（2013）研究了经济衰退期间木材、家具和造纸企业财务绩效的变化，发现除部分企业的绩效下滑外，约40%样本企业的财务绩效维持稳定，甚至略有增长，这进一步证明很多企业的财务绩效在经济衰退时期可以表现良好。Loto（2012）的季度实证分析表明，全球经济衰退对尼日利亚制造业部门的绩效影响不显著。另外，也有文献认为，经济衰退对企业绩效的影响方向不能确定。例如，Lucky 和 Minai（2012）通过对企业家和经理发放问卷获取数据，研究发现，在经济衰退期间，经济和环境因素对企业绩效的影响将保持有效且显著，但关于影响方向却并未得出统一的结论。

关于通货膨胀对企业绩效的影响，一般研究认为，通货膨胀带来的价格不稳定会增加合同成本、降低经济效率，并使购买力下降，从而不利于企业绩效的提高。Beaumont Smith 等（2005）研究了通货膨胀阻碍南非企业增长潜力的程度，他们采用改进的可持续增长建模框架和当地企业的绩效数据对各种假设进行检验，以确定企业绩效的可控和不可控因素受通货膨胀的影响程度。Smith 和 Van Egteren（2005）发现，通货膨胀水平（包括非预期和预期通货膨胀）以及通货膨胀的波动会扭曲企业的内部融资决策，增加金融市场摩擦，降低投资水平和效率，进而降低企业的总产出。

然而，也有文献认为，通货膨胀有利于企业绩效的提高。Ali 和 Lbrahim（2018）分析了通货膨胀对马来西亚制造业企业绩效的影响，发现企业的总利润与通货膨胀率之间存在正相关关系，说明通货膨胀实际上导致了制造业企业利润的增加，而不是下降。Wang 等（2016）以中国企业为样本，从外部经济因素和管理行为两个方面出发研究企业投资，发现较低的通货膨胀不确定性会增加过度投资，且管理者过度自信加剧了这一效应，从而不利于企业的绩效。此外，在不同的经济周期中，通货膨胀不确定性对企业过度投资的影响是不对称的。

在经济风险因素对可再生能源的影响研究方面，还未有文献关注企业财务绩效，而是主要关注经济风险因素对可再生能源的生产和使用的影响。可再生能源的生产和使用与经济发展水平密切相关，大部分文献认为，经济增长促进可再生能源的生产和消费。另外，价格变化会对能源生产结构产生较大影响，化石燃料能源的高价格通常会引发通货膨胀，对经济活动产生负面影响。Khoshnevis Yazdi 和 Shakouri（2017）发现，经济增长有利于伊朗可再生能源部门的发展。Abanda

等（2012）考察了 1980~2008 年非洲大陆不同地区可再生能源生产与经济增长之间的关系，发现除南非外，其他地区的国内生产总值和可再生能源发电量呈显著正相关关系。Apergis 和 Payne（2014）以经济合作与发展组织国家为样本，发现人均可再生能源消费与人均实际 GDP、实际能源价格之间存在正相关关系。

Przychodzen 和 Przychodzen（2020）通过使用 27 个转型经济体的数据，发现更高的经济增长率和通货膨胀、不断上升的失业率和政府债务水平、不断恶化的经常账户余额将刺激可再生能源生产。Chang 等（2009）以经济合作与发展组织国家为样本，研究发现，当经济增长水平较高时，消费者价格指数（CPI）与可再生能源占总能源供应的份额显著呈正相关关系，但在经济增长水平较低时，二者没有相关性。因此，经济发展水平较高的国家可以通过增加可再生能源的使用来应对能源价格上涨。Dogan 等（2021）通过使用不同指标衡量可再生能源的发展，发现国内生产总值或人均 GDP 增长 1% 会使可再生能源增长 0.05%~1.01%，而能源价格上涨 1% 会使可再生能源增长 0.07%~0.99%。这表明，用可再生能源消费衡量可再生能源发展时，收入和能源价格的影响程度比用可再生能源生产衡量时更小。此外，用可再生能源份额和可再生能源水平衡量可再生能源发展时，研究结果也发生了很大变化。

二、金融风险对企业绩效的影响

关于金融风险和企业绩效的关系，大多数研究表明，金融环境的稳定性对企业绩效起着至关重要的作用。风险和回报息息相关，这意味着高风险伴随着高回报（Solomon 和 Muntean，2012）。当面临较高的金融风险时，企业融资成本更高、融资更困难，可能导致企业的财务绩效下降。如果企业采用有效的风险管理平衡风险和收益，则可以减小金融风险的负面影响，甚至在将来实现更好的绩效（Florio 和 Leoni，2017）。例如，Lau（2016）的研究表明，企业可以通过使用衍生工具更好地管理金融风险，从而改善企业绩效。Mollah 等（2017）发现，伊斯兰银行的治理结构使其能够承担更高的金融风险，从而可以实现更高的绩效。当前文献大多关注金融危机和汇率变动等金融风险因素对企业绩效的影响，本部分主要综述这两个方面的文献，以及分析这些因素对可再生能源发展的影响。

关于金融危机对企业绩效的影响，一部分文献关注金融危机对企业绩效的直接影响，认为金融危机对企业绩效有负向影响。例如，Claessens 等（2012）采用 42 个国家 7722 家非金融企业的会计数据，研究 2007~2009 年金融危机对企业绩效的影响，发现这场危机对那些对商业周期和贸易发展更敏感的企业产生了更大的负面影响，在对外贸易更发达的国家，这种影响更为严重。张天舒和黄俊（2016）研究发现，2008 年国际金融危机对不同所有权性质的中国企业有不同影响。此外，良好的法律制度环境更有利于改善国有企业的财务绩效。

另外，一些文献关注金融危机通过企业某些特征因素对企业绩效产生的间接影响，发现金融危机对不同的企业特征因素和企业绩效之间的关系有不同的影响。例如，Gonenc 和 Aybar（2006）研究了 2001 年金融危机对土耳其非金融企业绩效的影响，发现在危机期间，货币敞口与企业绩效呈正相关关系，而股权集中度与企业绩效呈负相关关系。权圣容等（2012）以 30 家韩国大企业集团为样本，研究在不同的金融环境下（1997 年亚洲金融危机前后），企业经营管理因素对企业绩效的影响，发现外在的风险会使经营管理因素与企业绩效间的关系更加密切。

关于汇率波动对企业绩效的影响，多数研究认为，货币升值对企业绩效有不利影响。吴国鼎（2017）使用中国工业企业的数据进行研究，发现企业净有效汇率的上升不利于企业财务绩效的提高，且汇率上升对财务绩效水平更高的企业的负向影响更小。同时，汇率对不同贸易类型和不同出口产品种类企业的财务绩效的影响都不一样。周琢和陈钧浩（2016）研究发现，相比一般贸易出口型企业，企业层面实际有效汇率对加工贸易出口型企业的财务绩效影响更小。此外，提高出口退税率对出口型企业财务绩效的促进作用较小。沈筠彬（2018）研究发现，行业实际有效汇率显著负向影响中国制造业企业的绩效。从渠道来看，人民币升值通过出口收益渠道和进口竞争渠道负向影响企业绩效，通过进口成本渠道正向影响企业绩效。此外，汇率变动可以通过这三个渠道影响绩效水平较高的企业，但对绩效水平较低的企业的影响只通过进口竞争渠道实现。汇率变动通过这三个渠道对国有企业绩效的影响不显著，只能通过进口成本渠道负向影响民营企业绩效。胡宗彪等（2019）研究发现，汇率波动对中国企业的财务绩效有负向影响，且相比于服务企业，汇率波动对商品流通企业财务绩效的负向影响更大；对于生产率更高的商品流通企业来说，汇率波动对其财务绩效的负向影响更大。另外，

Noor 和 Abdalla（2014）采用概念框架分析了金融风险（包括信用风险、流动性风险、外汇风险和或有风险）对企业财务绩效的影响，发现这些影响既可以是正向的，也可以是负向的。

关于金融风险因素对可再生能源的影响，还未有文献关注企业的财务绩效，已有文献主要关注的是公共债务、金融危机和汇率等金融因素对可再生能源的生产和使用的影响。已有文献在公共债务对可再生能源的影响方面得出了完全相反的结论，有的认为是正向影响，而有的认为是负向影响。Saleem Jabari 等（2022）研究发现，外债对土耳其的可再生能源发展具有负向影响，并建议政府可以通过取消对国际资本流动的限制或对外国资本和外国投资的限制降低负向影响。相反地，Florea 等（2021）分析了欧盟新兴经济体公共财政主要指标对可再生能源消费的影响，发现公共债务和预算赤字对可再生能源消费具有正向影响，原因是这些国家的公共当局所承担的部分债务是用于可再生能源的投资。同时，公共债务和预算赤字对可再生能源消费具有单边的因果影响。

另外，较少文献研究金融危机和汇率对可再生能源的影响。例如，Hofman 和 Huisman（2012）通过调查来研究私人股本投资者对可再生能源的偏好是否因金融危机而改变，与 2006 年的调查结果相比较，发现金融危机导致投资者对可再生能源的偏好降低，主要是欧洲投资者的偏好有所下降，而北美投资者的偏好没有显著变化。Deka 和 Dube（2021）考察在 1990~2019 年，墨西哥通货膨胀、汇率和可再生能源使用之间的长期及短期关系，长期结果表明可再生能源的使用会影响通货膨胀和汇率，但汇率和通货膨胀不会影响可再生能源的使用，短期结果表明可再生能源使用量的增加会促进汇率升值。

三、政治风险对企业绩效的影响

相比经济风险、金融风险和企业绩效关系方面的文献，政治风险方面的文献更加丰富。当前文献比较关注政治不稳定和制度质量等政治风险因素对企业绩效的影响、政治风险的调节作用、政治风险在不同分位点的影响。本小节主要综述这四个方面的文献，以及这些因素对可再生能源发展的影响。

关于政治不稳定对企业绩效的影响，大部分文献认为二者的关系违反了经典的风险—收益关系，其结果支持"政治风险悖论"（Dimic 等，2015），即政治风险的降低会使企业产生较高的收益。例如，Klapper 等（2013）发现，政治不稳定对科特迪瓦企业的绩效有负面影响，此负面影响可能是通过增加企业的经营成本而实现的。类似地，其他研究发现政治不稳定对企业绩效的负面影响在突尼斯（Matta 等，2018）和埃及（Hosny，2018）也存在。Luo 等（2017）研究了政治不稳定（地市官员的离职）对中国当地企业的影响。少量文献发现，较高的政治风险有利于企业的绩效。Guidolin 和 La Ferrara（2007）通过分析安哥拉内战对钻石行业的影响，发现在某些情况下，暴力冲突可能有利于现有企业绩效的提高。Abadie 和 Gardeazabal（2003）以巴斯克地区的冲突为案例进行研究，发现随着停战变得可信，企业股票表现相对积极，而在停火结束时则表现相对消极。

关于制度质量对企业绩效的影响，大部分文献认为，良好的制度有利于企业绩效的提高。具体地，一个良好的制度环境可以通过形成规则、秩序和非正式规范来避免或最小化企业所处环境中的不确定性（Gatzert 和 Kosub，2016；Erfani 和 Tavakolan，2020）；而低效、不稳定和不可靠的制度环境，一方面可能导致频繁的政策变化和法律体系失效，增加企业管理者决策的难度，提高企业的运营成本；另一方面会减少企业学习调整的时间，为企业从事生产性创业活动带来高昂的成本（Roxas 等，2012）。例如，Gaviria（2002）发现腐败和犯罪对拉丁美洲企业的绩效存在负面影响。李维光和徐二明（2020）从动态视角研究发现，制度环境的变化速度和变化失调度对中国新三板企业的财务绩效具有负面影响。苏坤（2012）、高冰和王延章（2014）以及甄红线等（2015）研究发现，相较于国有企业，更好的制度环境更能促进中国民营企业财务绩效的提高。周阳敏和赵亚莉（2019）通过实证研究发现，良好的制度环境可以提高企业的财务绩效，且这一路径对民营企业的作用更明显。何文剑等（2019）研究发现，良好的制度环境可以增加企业家的生产性行为，从而提高企业的财务绩效。

然而，也有少量文献的结果表明，制度质量对企业绩效的影响因行业、地理区域和所选指标的不同而不同。例如，Faruq 和 Weidner（2018）采用 74 个国家的企业层面数据研究发现，腐败、法律和秩序等制度因素显著影响企业绩效，且这种影响因行业和地理区域而异。Roxas 等（2012）研究了南非的制度建设对企业绩效的影响，发现犯罪和盗窃率、腐败和税收效率的降低将有利于提高企业的绩效，而法院制度和政治不稳定对企业绩效的影响不显著。Chadee 和 Roxas

（2013）发现，俄罗斯的制度环境（包括监管质量、法治和腐败）对企业的绩效和创新能力有显著的直接负面影响。

部分文献考虑了政治风险对某些变量和企业绩效之间关系的调节作用，并得出不同的结果。例如，Mangena 等（2012）发现，董事会和所有权结构对企业绩效的影响取决于企业面临的政治和经济环境，在总统大选前（相对稳定的政治和经济时期），企业绩效与执行董事持股呈正相关关系；而在总统选举结束后（波动的政治和经济时期），绩效与执行董事持股呈负相关关系。李倩等（2019）研究发现，在较好的制度环境中，企业家精神对企业财务绩效的促进效果更好。徐明亮等（2018）验证了制度环境对交错董事会和企业绩效之间正向关系的促进作用。邹国庆和董振林（2015）发现，制度环境对管理者商业性社会资本和企业绩效之间的正向关系具有促进作用，但对管理者政治性社会资本和企业绩效之间的正向关系具有减弱作用。余汉等（2017）研究发现，在不完善的制度环境中，企业家隐性政治资本对民营企业财务绩效的促进作用比对国有企业的促进作用更强。

另外，有少量文献发现，政治风险在不同分位数对企业的绩效有不同的影响。例如，Guo 等（2021）发现，在 2008 年国际金融危机前，政治风险指数对股票市场绩效的影响在最低分位数处显著为负；金融危机过后，该影响在最高分位数处显著为正。Jiang 等（2020）发现，地缘政治风险在低分位数对旅游上市企业股票绩效的负面影响比在高分位数更显著；经济政策不确定性在不同分位数下对股票绩效既有正向影响，也有负向影响。

关于政治风险因素对可再生能源的影响，现有文献还未关注企业的财务绩效方面，较多关注政治环境的稳定性、制度质量和经济政策的不确定性等政治因素对可再生能源的生产及使用的影响。关于政治环境的稳定性对可再生能源的影响，Su 等（2021）探讨七个经济合作与发展组织国家可再生能源消费的驱动因素，发现更稳定的政治环境会增加可再生能源消费，并且减少非可再生能源消费。Zheng 等（2021）通过使用 87 个经济体的样本研究发现，在遭受严重恐怖袭击时，各经济体（尤其是经济合作与发展组织国家）在可再生能源技术方面的绿色创新较少。Belaïd 等（2021）研究发现，政治稳定在各分位数之间对可再生能源生产的影响不同，其中仅在第 25 分位数和第 50 分位数处为正，政府的有效性和效率对可再生能源生产具有积极的影响，且这种影响在可再生能源产量较低的国家（即较低的分位数上）更为显著。

关于制度质量对可再生能源的影响，Uzar（2020）以 38 个国家为样本进行研究，发现制度质量对可再生能源消费具有积极影响。根据访谈调查的结果，Komendantova 等（2012）发现，政治风险、不可抗力和监管风险是三类影响北非可再生能源项目的因素，其中，监管风险被认为是最重要且最有可能产生的因素。

关于经济政策不确定性对可再生能源的影响，Liu 等（2020）发现，经济政策不确定性显著抑制了传统能源企业的投资，对可再生能源企业的投资影响不显著。细分样本时发现，经济政策不确定性抑制了煤炭和石油企业的投资，对太阳能、地热能等可再生能源企业的投资有显著促进作用。Lei 等（2021）通过使用非线性的自回归分布滞后模型（Autoregressive Distributed Lag Model）进行研究，发现经济政策的不确定性在短期内增加了可再生能源消费，但从长期来看，对可再生能源消费产生了负面影响。类似地，Shafiullah 等（2021）发现，政策不确定性与美国的可再生能源消费之间存在长期的负向关联。Ivanovski 和 Marinucci（2021）采用 23 个发达国家和发展中国家的面板数据，发现经济政策的不确定性对可再生能源消费具有负面影响。

第二节　政府补贴和企业绩效

政府补贴对企业绩效的影响已经引起研究者的广泛关注。基于研究视角的不同和所选样本之间的差异，现有文献得出了完全相反的结论。一些文献认为，政府补贴对企业绩效有积极影响，因为基于融资约束理论和信号传递理论，补贴可以直接或间接为企业提供资金支持，缓解融资约束，降低债务成本，增加企业的投资、生产、研发和创新活动。Bergström（2000）研究发现，政府补贴对企业绩效的积极影响存在于瑞典的制造业中。Lee 等（2014）和 Jin 等（2018）以中国制造业上市企业为样本，证实研究了政府补贴对企业绩效的积极影响。

然而，另一些文献认为，政府补贴对企业绩效有负面影响或不显著影响。首先，很多补贴的标准和结构不够合理，容易导致补贴错配，使其作用不能有效发挥。其次，基于寻租理论，有些企业为了获得高额补贴往往会采取寻租行为，加剧市场的扭曲。另外，基于信息不对称和道德风险理论，企业可能滥用补贴，甚至形成对补贴的依赖，缺乏发展动力。唐清泉和罗党论（2007）研究发现，政府补贴虽然未提高中国上市企业的财务绩效，但却促进了其社会绩效的提高，特别是国有企业发挥了辅助政府实现经济目标的作用。Faccio（2006）和余明桂等（2010）的研究表明，为获得更多补贴，参与寻租活动的企业的绩效水平一般低于未参与寻租活动企业的绩效水平。Lim等（2018）的研究结果表明，获得较多补贴的上市企业的财务绩效并不优于获得较少补贴的上市企业。Xu等（2021）发现，补贴对医药行业的创新绩效影响不显著。赵璨等（2015）研究发现，绩效水平较低的企业经常通过调负利润的途径获得更多补贴，此方式不利于企业的财务绩效和社会绩效的提高；绩效水平较高的企业经常通过寻租的途径获得更多补贴，此方式也不利于企业财务绩效的提高，但有利于社会绩效的提高。

　　关于政府补贴对可再生能源企业绩效的影响，本书将相关的文献分为三类。第一类文献认为，政府补贴对可再生能源企业的绩效会产生负面影响。例如，Lesser（2013）提出，美国没有持续补贴风能行业的经济理由，因为这些补贴政策会对市场机制、企业绩效和经济增长造成损害。Zhu和Liao（2019）发现，由于企业的寻租行为和信息不对称，政府补贴无法改善可再生能源企业的财务绩效。俞金红和于明超（2019）研究发现，补贴对以净资产收益率衡量的可再生能源企业绩效的负向影响要大于以总资产收益率衡量的绩效，且寻租在这一负向影响中充当中介效应，大概占总效应的1/3。

　　第二类文献认为，政府补贴对可再生能源企业的绩效具有正向影响或正向调节作用。例如，Chang等（2020）发现，政府补贴对可再生能源企业的投资效率有显著的正向影响，从而促进企业绩效的提高。Zhang等（2014）研究了政府补贴和政治关联对可再生能源制造企业财务绩效的影响，发现政府补贴对企业绩效有积极影响，且政治关联可以减弱此影响。Chen和Ma（2021）发现，政府补贴可以增强绿色投资对能源企业财务绩效的积极影响，从而有利于可再生能源的发展。Nicolini和Tavoni（2017）以欧洲最大的五个国家为样本进行研究，发现政府补贴在短期和长期都显著促进了可再生能源的发展。Liu 等（2019）发现，政府补贴通过研发投入的中介作用，对可再生能源企业的财务绩效具有滞后两期的积极影响。

第三类文献通过划分不同的情况来研究政府补贴对可再生能源企业绩效的影响，认为不同类型的政府补贴对可再生能源企业的绩效可能有不同的影响，政府补贴在短期和长期也可能有不同的影响，不同水平的政府补贴对可再生能源企业的绩效也可能有不同的影响。例如，Zhang 等（2015）分析了不同类型的政府补贴对可再生能源企业绩效的影响，发现直接补贴、间接补贴和创新补贴对企业绩效的影响是不显著的，而非创新性补贴则提高了企业绩效。Luo 等（2021a）发现，政府补贴总额对可再生能源发电企业的短期绩效具有负面影响，但对长期绩效具有积极影响。另外，支持性补贴和技术创新补贴对可再生能源发电企业财务绩效的影响存在差异。Yu 等（2020）研究发现，政府预先补贴与新能源汽车企业的财务绩效之间呈"U"形关系，事后政府补贴与新能源汽车企业的财务绩效之间呈倒"U"形关系。

部分研究表明，政府补贴与企业绩效之间的关系也可能受到外部环境风险的影响。在不同的环境风险水平下，企业保持盈利的能力反映了其应对风险的能力，补贴可能会影响企业应对外部风险的能力，从而影响其财务绩效。有效的可再生能源政策的关键作用是减少企业面临的不确定性，这样才能有利于企业财务绩效的提高（Barradale，2010）。有些文献关注在不同的政治环境下，政府补贴对企业财务绩效的影响。袁显平和颜桐（2019）发现，政府补贴对中国新能源企业财务绩效的正向影响具有滞后一期的效应，且政府补贴对企业绩效的促进作用在高指数的制度环境①中发挥更好。Luo 等（2021b）的研究强调了政府补贴的有效性取决于企业面临的法律环境和市场竞争，在法律保护薄弱的地区且面临强大的市场竞争的情况下，补贴可能不会提高高科技初创企业的财务绩效。

一些文献关注在不同的经济环境下，政府政策对企业财务绩效影响的效果。周亚虹等（2015）研究了在不同的市场环境中，政府补贴对可再生能源企业的影

---

① 该文采用的制度环境指数是用《中国分省份市场化指数报告（2018）》中的市场化指数来衡量的。

响，发现在良好的市场环境中，政府补贴有利于企业财务绩效的改善；而在恶化的市场环境中，需求萎缩，政府补贴会引发产能过剩的问题，不利于企业财务绩效的提高。金碚和龚健健（2014）通过使用 39 个工业行业的企业数据，研究发现稳定的经济增长可以改善企业的财务绩效，因为稳定的经济环境有利于企业进行长远的规划和投资，同时降低经济波动给企业带来的风险成本。在经济繁荣时期，扩张性的财政政策会负面影响企业的财务绩效，因为扩张性的财政政策会使企业过度依赖政府的政策，也容易推动企业盲目扩大产能、忽略效率，导致产能过剩。连立帅等（2016）研究了 2008 年国际金融危机以及经济刺激政策退出后的经济下行压力期间，经济刺激政策对中国 A 股上市企业绩效的影响，发现受到经济刺激政策支持的企业，其绩效如果在金融危机期间表现较好，那么在经济下行压力期间仍表现较好，这种关联性在非国有企业中更强。Shah 等（2018）的研究表明，在可再生能源产业缺乏支持的国家，相关投资将更加依赖宏观经济及石油价格等因素，当油价较低或经济低迷时，当局可能需要增加财政支持，以确保可再生能源投资保持在稳定水平。

部分文献关注在不同的金融环境下，政府补贴对企业财务绩效影响的效果。吴莉昀（2019）研究发现，2008 年国际金融危机主要通过贸易渠道对中国企业的财务绩效产生不利影响，这期间的政府补贴有助于提高企业的财务绩效。杨得前和刘仁济（2017）提出，政府补贴对企业的支持效果在短期内更易发挥作用，特别是在特定时期（如国际金融危机时期），其效果更为突出。

另外，有一些文献关注政府补贴对处于财务困境中的企业的财务绩效的影响。Faccio 等（2006）使用来自 35 个国家的 450 家企业的样本进行研究，发现当企业面临财务困境时，补贴可以通过提供财务援助的机制改善企业绩效。Tao 等（2017）采用中国的样本得到了和 Faccio 等（2006）类似的结果。Li（2019）也发现，政府补贴可以增加处于退市风险中的企业的绩效，但当企业面临退市风险时，政治关联对其获得补贴的增加效应消失。然而，Lee 等（2014）发现，政府补贴对处于财务困境中的企业的绩效影响较小。潘越等（2009）研究发现，政府补贴在当期可以明显促进处于财务困境中的企业的财务绩效，但从长期来看，对企业财务绩效的影响会因政治关联程度和产权性质而不同。

第三节　金融发展和企业绩效

关于金融发展和企业绩效的关系，本节主要从以下三个方面进行综述，即金融发展对企业绩效的影响、金融发展和环境风险的交互作用对企业绩效的影响、金融发展和政府补贴的交互作用对企业绩效的影响。

一系列理论和实证研究表明，金融发展和企业绩效之间存在正相关关系，因为金融发展可以提高创新项目和高生产率投资项目的比例，降低交易成本。更广泛地说，其发展可以改善资本配置和风险管理。当前文献主要关注银行业发展对企业绩效的影响，认为银行业发展有利于企业绩效的提高，尤其有利于中小企业绩效的提高。Chauvet 和 Jacolin（2017）使用 79 个发展中国家和新兴国家共 55596 条企业级数据进行研究，发现金融包容性即金融服务在企业之间的分布（通过拥有银行贷款的企业比例来衡量）对企业增长有积极影响，且当银行市场不那么集中时，这种积极影响会被加强。Fafchamps 和 Schündeln（2013）研究发现，当地银行可用性与处在行业发展初期的中小型企业的快速增长密切相关，银行业的发展使这些企业更有可能投资和雇佣员工，提高单位产量，降低单位劳动力成本，从而降低它们退出行业的可能性。Hossain 等（2021）发现，当地银行业发展水平对企业绩效的影响存在门槛效应，当银行业发展达到一定水平时，可以提高中小企业的财务绩效。另外，Iwasaki 等（2021）同时使用银行业发展和股票市场发展的部分指标，通过主成分分析构建金融发展指标，研究发现，更高的金融发展水平和制度质量提高了小企业的生存概率。

关于金融发展对可再生能源的影响，大量研究关注金融发展对宏观层面的可再生能源消费的影响，并认为金融部门的发展水平是影响可再生能源消费的重要因素。可再生能源项目的顺利开展需要大量的资金投入。具体地，它们需要高昂的启动成本、长期的债务偿还和持续的研发投资（Eren 等，2019）。一个发达的金融体系可以有效地向可再生能源行业提供信贷；相反，即使新项目有较大的市场需求，不发达的金融体系也可能会阻碍它的萌芽。Eren 等（2019）以印度为例，采用几个银行业发展相关变量综合构建金融发展指标，研究发现，经济增长和金融发展对可再生能源消费具有显著的积极影响。因果关系检验结果表明，可再生能源消费和经济增长是金融发展所驱动的。Mukhtarov 等（2020）使用信贷占 GDP 的百分比来衡量金融发展，研究发现，在阿塞拜疆，金融和经济发展每增长 1%，将分别使可再生能源消费增加 0.16% 和 0.60%，而消费者价格指数对可再生能源消费具有不利影响。

Köksal 等（2021）以 36 个经济合作与发展组织国家为例，采用国际货币基金组织提供的金融发展指标和效率指标进行研究，发现总体金融发展指标对可再生能源需求有积极影响，而金融市场效率和金融机构效率与可再生能源需求之间无显著关系。Anton 和 Nucu（2020）使用 28 个欧盟国家的面板数据进行研究，考虑了金融发展的三个不同方面，即以金融部门提供的国内信贷衡量的银行业发展、以股票市场周转率衡量的股票市场发展、以未偿国际私人债务证券与 GDP 之比衡量的债券市场发展。研究发现，三个不同方面的金融发展都对可再生能源消费具有显著的积极影响。另外，他们通过划分欧盟旧成员国和新成员国的子样本，发现股票市场发展不会影响欧盟新成员国的可再生能源消费。Kim 和 Park（2016）采用 30 个国家的面板数据进行研究，发现在金融市场发达的国家，相对更依赖债务和股权融资的可再生能源产业由于更容易获得外部融资，其增长速度也更快。Ji 和 Zhang（2019）运用向量自回归模型（VAR）研究金融发展与中国可再生能源增长之间的关系，发现金融发展每增加 1%，对可再生能源增长的贡献率为 42.42%，并证明股票市场是推动中国可再生能源份额增长的重要因素，其次是外商投资。

一些文献研究发现，金融发展对可再生能源消费具有非线性影响。其中，有部分研究发现，金融发展和可再生能源消费之间存在"U"形关系。具体地，由于经济活动快速增长，金融发展最初会（通过规模效应）降低可再生能源的需求，在这一阶段，企业主要使用化石能源来满足能源需求；当金融发展水平达到门槛值后，由于大众环境意识的提高和政府实施更严格的环境法规，金融部门会倾向于将金融资源分配给采用绿色和节能技术（通过技术效应）的可再生能源企业，从而增加可再生能源的产量。例如，Shahbaz 等（2022）采用 39 个国家的数据，通过线性模型研究发现，金融发展和经济增长对可再生能源消费有积极影响。在模型中加入金融发展和经济增长的平方项后，研究发现，金融发展与可再生能源消费之间呈"U"形非线性关系，经济增长与可再生能源消费之间也呈"U"形关系。Yue等（2019）采用21个转型国家的数据和面板平滑转换模型进行研究，发现金融发展与能源消费之间的线性关系不显著，五个不同的金融发展指标对能源消费产生不同的非线性影响。其中，金融开放度对能源消费的影响呈"U"形，股票市场规模与效率对能源消费的影响呈倒"U"形，金融中介规模对能源消费的正向影响先较大后较小，金融中介效率对能源消费的正向影响先较小后较大。

另外，也有一些研究通过采用非线性自回归分布滞后模型，关注金融发展对可再生能源消费在长期和短期的不对称影响。例如，Qamruzzaman和Wei（2020）研究发现，在低收入国家、中等收入国家和中上收入国家，金融发展、贸易开放、资本流动和可再生能源消费之间存在长期的不对称关系。此外，除低收入国家外，其他国家中短期的不对称关系也得到证实。Lahiani等（2021）研究发现，在美国，总体金融发展和股票金融发展对可再生能源消费的影响存在长期不对称效应，从短期来看，只有总体金融发展和股票金融发展的负向变化才会对可再生能源消费产生显著影响。Saadaoui和Chtourou（2022）研究发现，在突尼斯，金融发展对可再生能源消费具有显著的负面影响，经济增长和制度均可刺激可再生能源消费。

通过以上综述可以看出，部分文献在研究金融发展对可再生能源的影响时，同时也考虑了外部环境中的其他因素，如经济增长对可再生能源的影响，但这些文献并未考虑金融发展和这些外部环境因素对可再生能源的交互影响。

一、金融发展和环境风险对企业绩效的交互影响

通过前文综述可以看出，更高水平的金融发展对企业绩效具有积极影响，环境风险在经济、政治和金融的不同方面对企业绩效也有不同的影响。同时，有文献还认为，稳定的外部风险环境是地方金融发展的驱动因素，有利于通过各种渠道促进金融交易和金融发展。例如，Jappelli等（2005）提出，造成地区间金融发展差异的一个原因可能是司法执行的质量不同，更好的司法执法减少了机会主义行为，通过促进企业与银行之间更安全的关系，增加信贷可用性。Bonaccorsi di

Patti（2009）发现，犯罪率与获取信贷的难度之间存在正相关关系，并认为有组织的犯罪会影响贷款市场，因为它会增加企业的脆弱性（如通过敲诈勒索）和贷款违约的预期损失（如欺诈和欺诈性破产）。Akinci 等（2014）以经济合作与发展组织成员国为样本，研究发现，经济增长和金融发展之间存在双向因果关系。Song 等（2021）研究发现，在全样本和发展中国家子样本中，经济增长对金融发展有积极影响，而腐败对金融发展有消极影响，经济增长与金融发展以及腐败与金融发展之间存在因果关系。

　　部分文献进一步扩展了上述研究，开始关注金融发展和外部风险环境的某一方面对企业成长的交互影响，主要认为，金融发展可以缓冲企业面临的外部环境风险，并且金融发展对企业绩效的促进作用在稳定的外部环境中才能更好地发挥。其中，已有文献关注较多的是金融发展和制度质量对企业绩效的交互影响。Moretti（2014）以意大利为例，研究发现，金融发展对企业生产率的实际作用取决于社会制度环境的质量，在更发达的社会制度环境中，地方银行业的发展可以更好地促进企业生产率的提高。Wang 和 You（2012）研究发现，在中国，金融能推动企业的进一步增长。Tran 等（2020）采用 2009~2013 年 40000 多条越南企业的数据进行研究，发现当地银行业的发展对企业有积极影响，但腐败会阻碍这种积极影响，金融发展对企业增长的边际效应取决于腐败程度，金融发展会加剧腐败对企业增长的抑制作用。另外，个别文献关注金融发展和商业环境对企业绩效的交互影响。例如，Haschka 等（2022）同样采用 40000 多条越南企业的数据进行研究，发现金融发展和有利的商业环境通常会促进企业增长，且二者相互作用影响企业增长，在商业环境竞争激烈的省份，地方金融发展对企业增长的影响更大。

　　少量文献研究了金融发展和制度质量，及金融发展和经济增长对可再生能源生产和消费的交互影响，并得出不同的结论。Wu 和 Broadstock（2015）使用 22 个新兴市场国家的数据，研究发现经济增长和金融发展都促进了可再生能源消费，但金融发展的影响更大，金融发展对可再生能源消费的长期影响程度大于短期，表明从长期来看，金融发展对可再生能源消费具有更大的促进作用。另外，金融发展对可再生能源消费的促进作用可以通过提高制度质量来增强。Belaïd 等（2021）选取 9 个中东和北非的国家为样本，研究发现治理质量和银行业发展的交互项在较低分位数对可再生能源生产的影响为负，但在最高分位数对可再生能源生产的影响为正。Raza 等（2020）以可再生能源消费最多的 15 个国家为样本，采用金融系统存款占 GDP 的百分比、银行私人信贷占 GDP 的百分比和股票市值占 GDP 的百分比这三个变量来衡量金融发展，研究发现，在低经济增长区制下，金融发展与可再生能源消费之间的关系显著为负；随着国家向高经济发展区制迈进，金融发展与可再生能源消费之间的关系显著为正。

二、金融发展和政府补贴对企业绩效的交互影响

关于金融发展和政府补贴对企业的影响，现有文献主要基于融资约束理论和信号传递理论进行研究和解释。

基于融资约束理论可知，企业发展所需的资金一方面来自企业内部资金的积累，另一方面来自外部资金的支持（Modigliani 和 Miller，1958）。外部融资和政府补贴是企业获得资金的两个重要来源。金融发展水平的高低意味着企业获得外部融资的难易程度。通过前文综述可知，当前文献主要认为，更高水平的金融发展有助于企业获得更多资金，缓解其融资约束，对企业绩效具有积极影响。而政府补贴也可以为企业直接提供资金，缓解融资约束，但现有文献关于政府补贴对企业绩效影响的结论尚不明确，认为其影响可能是正向的、负向的或不显著的。

少量文献基于信号传递理论，进一步考察金融发展和政府补贴对企业发展的交互影响。这些文献认为，政府补贴可以向市场传递支持该行业的积极信号，减少金融机构和企业间的信息不对称，对企业从金融机构获得信贷有促进作用，从而有利于缓解企业的融资约束，促进企业的研发投入和创新。由此可以推断，在更高的金融发展水平下，政府补贴对企业获得信贷的促进作用会更大，企业更容易获得资金。另外，在更高的金融发展水平下，政府也可以从金融市场获得更多有用的信息，有助于更有效率地分配补贴，实现政府补贴对企业的促进目标。例如，高艳慧等（2012）研究发现，政府补贴可以通过信号传递促进中国高新技术企业得到更多的银行信贷，通过划分样本发现，这一促进效果只在非国有高新技术企业中和市场化水平较低的地区显著。周文婷和吴一平（2020）认为，政府补贴具有隐性担保的作用，获得补贴的企业更易获得银行的信任，可以取得更多信贷,这一隐性担保作用对非国有企业的影响更大,该影响在金融发展水平较低的地区也比较大。

余英和张丹丹(2018)研究了政府补贴和金融发展对企业技术创新的影响,研究发现,金融发展对企业的专利产出和新产品销售都有显著的促进作用,而政府补贴只能显著促进企业的专利产出。同时,政府补贴和金融发展可以交互促进企业的专利产出,但对新产品的销售收入具有交互的负向影响。卢馨等(2018)采用中国战略性新兴产业的企业数据,研究发现,金融发展和政府补贴可以交互促进企业研发投入的增加,因为在金融发展水平高的地区,金融机构对政府补贴传递的信号会产生更积极的反应,为企业提供更多信贷。另外,金融发展显著促进东部地区企业的研发投入,而对中西部地区企业的影响不显著,这可能是因为东部地区整体外部环境更稳定,市场化水平更高。王文华和张卓(2013)以中国高新技术企业为样本,研究发现,金融发展和政府补贴都能直接缓解企业的研发融资压力,政府补贴的信号传递作用(间接作用)在金融发展水平较高的地区更为显著。另外,权益融资比债务融资对研发融资的促进效果显著。

关于金融发展和政府补贴对可再生能源的影响,相关的研究较为有限。例如,Yang等(2019)研究发现,银行信贷高于门槛值以及经济发展水平低于门槛值时,政府补贴对可再生能源投资的贡献显著增加,当银行信贷大于门槛值时,政府补贴在促进大型可再生能源企业投资方面的作用显著,而对中小微企业的影响并不显著;无论经济发展水平是否超过门槛值,与大企业相比,政府补贴对促进中小微企业投资的作用更大。

通过上述分析可以看出,金融发展和政府补贴会交互影响企业的投资、研发和创新,而企业的投资、研发、创新同企业的绩效息息相关。因此可以推断,金融发展和政府补贴对企业的绩效也具有交互作用,且需要进一步探究。个别文献也开始关注企业绩效,例如,Guo等(2020)研究发现,财务宽松对中国中小型制造企业的绩效有积极影响,研发投资在财务宽松对企业绩效的影响中起中介作用,政府补贴和市场支持机构积极调节这种中介作用。

第四节 文献评述

前文主要综述了环境风险因素、政府补贴和金融发展分别对企业绩效的影响，以及它们对企业绩效的交互影响。经过综合分析，本节主要从以下四个方面阐述当前文献的不足：环境风险和企业绩效关系、政府补贴对环境风险和企业绩效关系的调节作用、环境风险和政府补贴对不同绩效水平的企业影响、金融发展对企业绩效的影响。

首先是环境风险和企业绩效关系方面研究的不足。①现有文献对环境风险的衡量并不全面。现有文献仅考察单一外部环境因素对企业绩效的影响，如经济风险方面的经济繁荣和衰退、金融风险方面的汇率变动、政治风险方面的制度质量。严格地说，这些研究没有考虑环境风险的概念，由于企业面临外部风险环境具有复杂性，这些文献所使用的单一指标也不能很好地衡量环境风险环境。②现有文献得出的环境风险对企业绩效的影响结果在不同的行业、国家和时间段都存在争议，说明环境风险在不同时间段对不同的国家和行业都有不同的影响，需要具体情况具体分析，不可一概而论。③大多数文献侧重于研究风险因素对宏观层面（国家级）的可再生能源生产、消费和投资的影响，而忽略了对微观层面（企业级）的可再生能源企业绩效的影响。而可再生能源部门的发展水平取决于企业的微观经济表现，因此，可再生能源企业的绩效值得更多关注。

其次是政府补贴对环境风险和企业绩效关系的调节作用方面研究的不足。①现有文献主要通过采取划分样本的方式，关注在不同的经济、金融或政治时期，政府补贴对企业绩效的不同影响，并未采取合适的变量衡量环境风险，所以很难很好地探究环境风险和政府补贴对企业绩效的交互影响。②有些文献主要关注企业面临退市风险（即企业内部财务问题）时政府补贴对企业绩效的影响，而忽略了企业面临外部环境风险时政府补贴对企业绩效的影响。关于企业绩效决定因素的研究表明，企业内部因素和外部环境因素都对企业绩效至关重要（Cheong 和 Hoang，2021）。因此，外部风险因素也应被纳入补贴与绩效关系的研究中。③已有文献并未研究环境风险和政府补贴对可再生能源企业财务绩效的交互作用，这有待进一步探索。

再次是环境风险和政府补贴对不同绩效水平的企业影响方面研究的不足。当前文献主要关注环境风险因素和政府补贴对企业绩效平均分布的影响，而忽略了对整体分布的影响。另外，虽然现有文献已经从宏观层面（国家层面）关注到了在不同分位点单一外部风险因素对可再生能源发展的影响，但忽略了其对微观层面的不同绩效水平的可再生能源企业的影响。鉴于不同绩效水平的可再生能源企业具有不同的企业特征和经营策略，其应对风险的能力有所差别，利用政府补贴的方式和效率也有所差别，所以环境风险和政府补贴对不同绩效水平的可再生能源企业的影响会有所不同，因而有必要进行进一步探究。

最后是金融发展对企业绩效的影响方面研究的不足。①金融发展主要包括银行业发展和股票市场发展两个方面，而现有文献主要研究了银行业发展方面，忽视了股票市场发展方面，虽然少量研究已经关注股票市场发展方面，但只考虑了股票市场发展的某一表现，不能综合衡量股票市场的发展。②根据现有文献，政府补贴与环境风险可以交互影响企业的财务绩效，政府补贴和环境风险分别同金融发展交互影响企业的财务绩效，已有文献忽略了金融发展通过补贴和风险之间的交互作用渠道对企业绩效的影响。

第三章 环境风险和政府补贴对可再生能源企业财务绩效的影响

本章主要研究环境风险对中国可再生能源企业财务绩效的影响，以及政府补贴对环境风险与中国可再生能源企业财务绩效之间关系的调节作用。首先分析了环境风险和可再生能源企业财务绩效之间关系的相关理论以及政府补贴对这一关系的调节作用，提出对应的研究假设。其次构建 GMM 模型检验所提出的假设，并分析相关结果。最后得出结论，提出政策建议。

第一节　问题的提出

近年来，很多国家都重视发展可再生能源产业，因为它的发展不仅改善了日益严重的环境和能源问题，而且带来了新的经济增长机会（Zhang 等，2015）。中国也在大力发展可再生能源产业，以实现减排目标，确保能源安全，改善能源结构（Ji 和 Zhang，2019）。

中国的可再生能源产业仍然是一个新兴行业，其中很多都是创业企业，容易受到外部环境的影响。有研究认为，外部环境风险在决定创业企业的财务绩效和生存方面发挥着重要作用（Lucky 和 Minai，2012；Solomon 和 Muntean，2012）。此外，由于中国的社会主义市场经济的特殊性，环境风险对企业财务绩效的影响与其他国家不同（Luo 等，2017）。由此可见，中国可再生能源产业的发展会面临诸多外部环境中的不确定性，并受到中国政府的重视，研究中国可再生能源企业的财务绩效在不同类型环境风险影响下如何变化具有重要意义。

越来越多的研究开始关注影响可再生能源产业发展的外部环境因素（Belaïd 等，2021），包括宏观经济因素（如经济增长、通货膨胀、汇率、利率）和政治因素（如政治稳定、制度质量、经济政策不确定性）。这些研究认为，可再生能源企业的生产和绩效与外部经济环境的变化密不可分，肯定了外部环境因素对可再生能源产业发展的重要性。根据这些研究结论可以看出，不同类型的外部环境因素对可再生能源发展有不同的影响。例如，Wojciech Przychodzen 和 Justyna Przychodzen（2020）认为，稳定快速的经济增长是一个国家可再生能源发展处于领先地位的必要条件。Chang 等（2009）发现，通货膨胀也是一种经济波动，可以提高可再生能源企业的竞争力。由于可再生能源企业的研发和生产具有随机性、波动性和间歇性的特点，它们的发展需要大量的投资。因此，稳定的金融环境对于可再生能源企业获得运营所需的资金非常重要（Lee 和 Wang，2021）。政治风险，如政策变化等，不可避免地会影响可再生能源企业的决策，从而影响其财务绩效（Liu 和 Zeng，2017）。另外，政府政策也是创造与可再生能源企业相关的新需求的一个重要因素（Wojciech Przychodzen 和 Justyna Przychodzen，2020）。鉴于以上环境风险与可再生能源企业财务绩效之间相关性的分析，在探讨可再生能源企业财务绩效的决定因素时，应充分考虑外部环境风险的影响。

另外，中国政府出台了一系列补贴政策来支持可再生能源产业的发展，政府补贴成为影响可再生能源企业财务绩效的另一个重要决定因素，得到了许多学者的关注。然而，在微观层面，当中国可再生能源企业面临环境风险时，政府补贴对其财务绩效的影响尚不清楚。有部分研究表明，在风险环境下，政府补贴可能对企业的财务绩效有重要作用。例如，当企业面临经济困境时，政府补贴可以使它们获得救助，免于陷入财务困境（Faccio 等，2006），但对企业价值的影响可能不显著（Lee 等，2014）。Li（2019）研究发现，在经济困境下，政府补贴可以增加中国企业的价值。Tao 等（2017）提出，在经济困境下，政府补贴成为企业提升企业价值的重要渠道。因此，本章进一步尝试检验政府补贴是否影响环境风险与中国可再生能源企业财务绩效之间的关系。

本章旨在探讨环境风险如何影响中国可再生能源企业的财务绩效，以及政府补贴是否影响环境风险与中国可再生能源企业财务绩效之间的关系。具体包括：

①经济风险、金融风险和政治风险这三种不同类型的环境风险对中国可再生能源企业财务绩效的影响有何不同？全面反映经济、金融和政治的综合风险又如何影响可再生能源企业的财务绩效？②在不同类型的环境风险中，政府补贴对可再生能源企业财务绩效的影响有何不同？

通过对以上问题的研究，本书可以构建环境风险、政府补贴和可再生能源企业财务绩效关系的研究框架，从微观视角为环境风险因素和可再生能源企业财务绩效关系的理论和实证分析框架做出有益补充。同时，本书通过采用更全面的指标衡量环境风险，有利于更深入地了解不同类型的环境风险对中国可再生能源企业财务绩效的影响，为企业更好地应对外部环境风险提供参考依据。另外，本书通过探讨政府补贴的调节作用，可以从全新的风险视角更深入地了解当可再生能源企业面临外部环境风险时，政府补贴对其财务绩效的影响，为政府在复杂环境下制定更合理的补贴政策提供参考依据。

第二节　理论分析和研究假设

一、环境风险对可再生能源企业财务绩效的影响

经济风险会影响许多相关部门。现有与经济风险相关的文献，大多侧重于研究经济衰退对企业财务绩效的影响，并发现经济衰退可能使企业财务绩效下降（Chen 等，2019），也可能对企业的财务绩效影响不显著（Loto，2012），甚至有些企业的财务绩效在经济衰退时期也可以表现良好（Hansen 等，2013）。经济衰退会对市场需求造成冲击，影响企业对能源（包括可再生能源）的需求，从而影响可再生能源企业的财务绩效。同时，经济衰退会增加失业率，减少储蓄和投资（Loto，2012），这可能会进一步降低可再生能源企业的财务绩效。而 Wojciech Przychodzen 和 Justyna Przychodzen（2020）发现，在转型经济体中，经济增长、失业率上升和政府债务可以刺激可再生能源的生产。为了刺激经济增长，政府可以实施不同的财政政策和货币政策的政策组合（Dosi 等，2015），这

些政策组合的周期性模式将影响可再生能源企业的产出和财务绩效（Sørensen 等，2001）。宽松的财政政策，如扩张性的政府支出，将进一步提高通货膨胀率和物价水平（Onakoya，2018）。Chang 等（2009）发现，通货膨胀可以提高可再生能源企业的竞争力。

　　企业经常面临各种金融风险，如外汇风险、利率风险、信用风险，甚至金融危机，这些风险增加了收益的可变性，并对企业的财务绩效产生了显著影响（Noor 和 Abdalla，2014）。一方面，高水平的金融风险会对可再生能源企业的投资机会产生负面影响，从而降低相关的可用收益（Lemmon 和 Lins，2003）。另一方面，金融风险还会使可再生能源企业面临更大的财务约束，阻碍它们的成长，从而影响其财务绩效（Poměnková 和 Koráb，2014）。Anton 和 Nucu（2020）发现，更稳定的金融市场将促进可再生能源消费，这可能有助于可再生能源企业绩效的提高。Kim 和 Park（2016）认为，由于可再生能源部门更多地依赖外部融资，因此稳定的金融市场明显有利于该部门的发展。

　　企业的财务绩效不仅取决于其在经济市场上成功运营的能力，还取决于其规避政治风险的能力（Rajwani 和 Liedong，2014）。政治风险包括冲突、宗教和种族关系紧张、制度质量、腐败等因素，是影响企业的持续竞争力和财务绩效的关键因素（Luo 等，2017）。一个良好的制度环境可以通过形成规则、秩序和非正式规范来避免或最小化环境不确定性，从而有利于可再生能源企业财务绩效的提高（Barradale，2010；Gatzert 和 Kosub，2016；Erfani 和 Tavakolan，2020）。不稳定的政治环境使权力的继承变得不可预测，企业容易受到暴力因素的影响，这会增加交易成本和不确定性，阻碍投资，降低可再生能源企业的财务绩效（Zheng 等，2021）。低效、不稳定和不可靠的政治制度也为可再生能源企业从事生产性创业活动带来了高昂的成本，从而不利于它们财务绩效的提高（Roxas 等，2012）。不同类型的政治不稳定因素也可能导致频繁的政策变化和法律体系失效，这可能会增加可再生能源企业的运营成本，并使它们难以提高财务绩效（Angelopoulos 等，2017）。然而，也有研究发现，经济政策的不确定性会促进可再生能源企业的投资（Liu 等，2020），从而可能提高它们的财务绩效。

　　基于以上关于不同类型环境风险因素和可再生能源企业财务绩效关系的分析，本章提出如下假设：

假设3.1：环境风险会显著影响可再生能源企业的财务绩效，且不同类型的环境风险可能会产生不同的影响。

二、政府补贴对可再生能源企业财务绩效的影响

近年来，政府补贴对可再生能源企业财务绩效的影响引起了研究者的广泛关注。由于研究视角的不同以及所选样本之间的差异，相关研究得出了不同的结论。

第一类文献认为，政府补贴对可再生能源企业的财务绩效有积极影响（Zhang等，2014；Liu等，2019；Chang等，2020）。一方面，政府补贴可以直接减轻企业的融资约束，降低债务成本，促进可再生能源企业扩大投资和生产。另一方面，政府补贴可以通过信号传递等途径为可再生能源企业提供资金支持，推动企业进行研发和创新活动，提高企业的竞争力和效率。

第二类文献认为，政府补贴对可再生能源企业的财务绩效有负面影响（Lesser，2013；Zhang等，2015；Zhu和Liao，2019；Wang等，2021）。首先，针对可再生能源行业的补贴标准尚不完善、补贴结构不够合理，容易导致补贴错配，使补贴的作用不能有效发挥，抑制了企业财务绩效的提高。其次，有些可再生能源企业为了获得高额补贴往往会采取寻租行为，虽然此行为可以在一定程度上使企业获得更多的有利资源，但这些企业的财务绩效水平一般低于未参与寻租企业的绩效水平（Faccio，2006），从而加剧了可再生能源市场的扭曲。最后，政府不能有效监督可再生能源企业对补贴的使用，由于信息不对称和道德风险，可能存在补贴的滥用，如使用补贴弥补企业的亏损，而并未实际提高企业的财务绩效；有些企业也可能形成对补贴的依赖，缺乏发展动力。

基于以上关于政府补贴和可再生能源企业财务绩效关系的分析，本章提出如下假设：

假设3.2a：政府补贴对可再生能源企业的财务绩效具有正向影响。

假设3.2b：政府补贴对可再生能源企业的财务绩效具有负向影响。

三、政府补贴的调节作用

政府补贴与企业财务绩效之间的关系也可能受到某些条件的影响，如外部环境风险和产权性质。补贴主要通过影响企业的生产、运营、投资和创新来影响企业的财务绩效（Keyuraphan 等，2012；Rosnes，2014）。在不同的环境风险水平下，企业保持盈利的能力反映了其应对风险的能力，补贴可能会影响企业应对外部风险的能力，从而影响其财务绩效。例如，当企业面临财务困境时，补贴可以通过提供财务援助的机制影响企业绩效。有研究表明，当企业面临退市风险时，政府补贴可以使它们获得救助。然而，也有研究认为，政府补贴对困境中的企业的财务绩效影响较小（Lee 等，2014）。

另外，政府补贴的有效性也可能取决于企业面临的法律环境和市场竞争或经济环境。Luo 等（2021b）认为，在法律保护薄弱的地区且面临强大的市场竞争的情况下，补贴可能不会提高高科技初创企业的财务绩效。金碚和龚健健（2014）认为，在经济繁荣时期，扩张性的财政政策会推动企业盲目扩大产能、忽略效率，导致产能过剩，对企业的财务绩效产生负面影响。

通过以上分析可以看出，企业面临的外部环境风险会影响政府补贴对企业财务绩效的作用。当中国可再生能源企业面临环境风险时，政府补贴对其财务绩效的影响尚未得到研究，有待进一步探索。因此，本章就政府补贴、环境风险和可再生能源企业财务绩效之间的关系提出如下假设：

假设 3.3a：政府补贴对不同类型的环境风险与可再生能源企业财务绩效之间的关系具有显著的正向调节作用。

假设 3.3b：政府补贴对不同类型的环境风险与可再生能源企业财务绩效之间的关系具有显著的负向调节作用。

第三节　数据与模型

一、数据和变量说明

（一）样本和数据来源

本书使用的样本为沪深交易所 A 股市场上市的可再生能源企业。借鉴周亚虹等（2015）的研究，在界定企业是否属于可再生能源企业时，笔者通过参照各企业披露的历年年报，选取主营业务和主要产品涉及太阳能、风能、水能和生物质能等领域的上市企业。选取这几个领域的可再生能源上市企业作为研究样本的主要原因是这几个领域中的企业主要从事可再生能源发电和设备制造，业务类型比较相似，不会导致样本有巨大的差异（Ji 和 Zhang，2019）。另外，为进一步保证样本的准确性，笔者确定了每家企业进入可再生能源行业的时间节点，最终获得2001~2018 年共 198 家可再生能源上市企业的非平衡面板数据集。本书按实际控制人性质，将全样本划分为 77 家国有可再生能源企业和 121 家民营可再生能源企业。

环境风险指数（RISK）的数据来自国际国家风险指南（ICRG）数据库，ICRG 是世界上国家风险分析和评级的最佳指南之一，由 PRS 集团编制①。PRS集团是全球领先的定量风险评级和预测公司，已有 40 多年的历史，它可以帮助提高全球投资和风险的可预测性以及企业的盈利能力②。

企业层面变量包括资产收益率（ROA）、股本收益率（ROE）、政府补贴（LnSUB）、企业规模（SIZE）、企业年龄（LnAGE）、股权集中度（TOP）、杠杆比率（LEV）和员工相对比例（STAFF）的数据主要来自国泰安（CSMAR）数据库，其中个别缺失数据来自万得（Wind）数据库。宏观层面控制变量包括经济增长率（GDPG）、通货膨胀率（INF）和贸易开放度（TRADE）的数据来自世界银行的世界发展指标数据库（World Development Indicators，WDI）。

（二）变量说明

被解释变量为企业的财务绩效，它反映了企业在一段时间内的经营盈利能力。根据现有文献（周亚虹等，2015；Luo 等，2021a），本书采用资产收益率（ROA）来衡量可再生能源企业的财务绩效。资产收益率即净利润与总资产的比值，是常用的衡量企业财务绩效的指标，主要反映企业通过运营其总资产获取净利润的能力。另外，本书采用已有文献中常用的另一个衡量企业财务绩效的指标——股本收益率（ROE）来进行稳健性检验。股本收益率是净利润与净资产的比值，反映企业通过其自有资本获取净利润的能力。

---

① 全称为 International Country Risk Guide，资料来源于 https://epub.prsgroup.com/products/international-country-risk-guide-icrg。

② 资料来源于 https://www.prsgroup.com/。

关注的解释变量为环境风险（RISK）和政府补贴（LnSUB）。环境风险（RISK）由国家风险指数衡量，具体由一个综合风险指数（CR）和三个独立的成分风险指数，即经济风险指数（ER）、政治风险指数（PR）和金融风险指数（FR），分别衡量。国家风险指数旨在帮助市场参与者确定不同类型的国家风险如何影响他们当前和未来的业务及投资（Howell，2011）。经济风险指数可以评估一个国家在可比基础上的经济优势和劣势；金融风险指数可以评估一个国家的支付能力，也就是为政府、商业和贸易债务提供资金的能力；政治风险指数可以评估一个国家的政治稳定性。环境风险指数的合理性和权威性在国际上得到了学者的认可，并广泛应用于研究中。根据 Zhang 等（2014）、Yu 等（2016）、Luo 等（2021a）的研究，政府补贴（LnSUB）由企业获得的政府补贴总额的对数来衡量。

关于国家风险指数的编制过程，ICRG 工作人员首先通过 ICRG 模型利用收集的经济金融数据和政治信息构建和计算出 22 个子风险成分的得分。其次将子风险成分的得分相加分别得到三个成分风险指数：经济风险指数、金融风险指数和政治风险指数。其中，经济风险指数和金融风险指数各由五个子风险成分的得分相加得到，政治风险指数由 12 个子风险成分的得分相加得到。是综合风险指数，使用这三个成分风险指数的得分相加之和的 1/2 计算得出。

根据 ICRG 的计算结果，经济风险指数和金融风险指数的得分范围为 0~50，而政治风险指数和综合风险指数的得分范围为 0~100。需特别注意，这四类风险指数的得分与其寓意的风险高低是相反的，得分越高意味着风险越低。具体而言，某类风险指数的得分越低，代表该类型的风险越高（即该类环境越不稳定）；而某类风险指数的得分越高，代表该类型的风险越低（即该类环境越稳定）。另外，四个风险指数的构成和权重详见附录一。

根据唐清泉和罗党论（2007）、Zhang 等（2014）、Jin 等（2018）的研究，本书加入了企业层面的控制变量，其中，企业规模（SIZE）通过总资产的对数来衡量；企业年龄（LnAGE）通过企业成立以来的年数的对数来衡量；股权集中度（TOP）通过第一大股东占总股本的比例来衡量；杠杆比率（LEV）通过总债务与总资产的比率来衡量；员工相对比例（STAFF）通过每万元主营业务收入的用工人数来衡量。

另外，本书进一步在模型中加入宏观层面控制变量进行稳健性检验，其中，经济增长率（GDPG）通过国内生产总值（GDP）的增长率来衡量；通货膨胀率（INF）通过 GDP 平减指数来衡量；贸易开放度（TRADE）通过贸易占国内生产总值的比重来衡量。变量定义及计算说明如表 3-1 所示。

表 3-1　变量定义及计算说明

被解释变量	变量含义	计算说明	数据来源
ROA	资产收益率	净利润/总资产	CSMAR 和 Wind
ROE	股本收益率	净利润/净资产	CSMAR 和 Wind
关注变量	变量含义	计算说明	数据来源
ER	经济风险指数	由以下五个子风险成分构成：通货膨胀率、人均 GDP、GDP 增长率、预算平衡占 GDP 的百分比、经常账户余额占 GDP 的百分比	ICRG
FR	金融风险指数	由以下五个子风险成分构成：外债占 GDP 的百分比、汇率稳定性、外债服务占出口的百分比、经常项目占货物和服务出口的百分比、按进口覆盖月数计算的净国际流动性	ICRG
PR	政治风险指数	由以下十二个子风险成分构成：政府稳定性、社会经济条件、投资概况、内部冲突、外部冲突、腐败、军事政治、宗教冲突、法律和秩序、种族冲突、民主问责、官僚质量	ICRG
CR	综合风险指数	ICRG 计算公式：$CR = 0.5 \times (ER+FR+PR)$	ICRG
LnSUB	政府补贴	企业获得的政府补贴总额（元）的对数	CSMAR 和 Wind
企业层控制变量	变量含义	计算说明	数据来源
SIZE	企业规模	总资产（元）的对数	CSMAR 和 Wind
LnAGE	企业年龄	企业成立以来的年数的对数	CSMAR 和 Wind
TOP	股权集中度	第一大股东占总股本的比例	CSMAR 和 Wind
LEV	杠杆比率	总负债/总资产	CSMAR 和 Wind
STAFF	员工相对比例	每万元主营业务收入的用工人数	CSMAR 和 Wind
宏观层控制变量	变量含义	计算说明	数据来源
GDPG	经济增长率	国内生产总值的增长率	WDI
INF	通货膨胀率	GDP 平减指数	WDI
TRADE	贸易开放度	贸易占国内生产总值的比重	WDI

注：CSMAR 为国泰安数据库，Wind 为万得数据库，ICRG 为国际国家风险指南数据库，WDI 为世界银行的世界发展指标数据库。

二、模型设定

现有文献普遍认为，企业绩效具有持续性，即企业本年度的绩效将会影响下一年度的绩效表现（Chi-Chuan Lee 和 Chien-Chiang Lee，2019），表明企业绩效存在动态效应。然而，研究可再生能源企业绩效方面的文献通常使用固定效应模型或随机效应模型。当被解释变量的滞后项出现在模型中时（即动态效应模型），尤其在短面板数据（即 T 较小、N 较大）中，固定效应和随机效应模型很难估计出一致的结果（Nickell，1981）。为改善这一问题，本书采用动态面板模型，使用两步差分广义矩方法（GMM）进行估计。

为探讨环境风险和政府补贴对中国可再生能源企业财务绩效的影响，本章建立如下动态面板模型：

$$ROA_{i,t} = \alpha_1 ROA_{i,t-1} + \alpha_2 RISK_t + \alpha_3 LnSUB_{i,t} + \beta z_{i,t} + \eta_i + \phi_t + \varepsilon_{i,t} \qquad (3-1)$$

其中，t=1，2，…，T，i=1，2，…，N。被解释变量 $ROA_{i,t}$ 代表可再生能源企业财务绩效，即资产收益率；$ROA_{i,t-1}$ 为 $ROA_{i,t}$ 滞后一期的值，用于考察企业财务绩效的影响是否存在持续性；$RISK_t$ 为环境风险，分别代表经济风险指数（ER）、金融风险指数（FR）、政治风险指数（PR）和综合风险指数（CR）；$LnSUB_{i,t}$ 代表政府补贴；$z_{i,t}$ 为企业层面的控制变量，包括企业规模（SIZE）、企业年龄（LnAGE）、股权集中度（TOP）、杠杆比率（LEV）和员工相对比例（STAFF）；$\varepsilon_{i,t}$ 为随机扰动项。另外，η_i 和 ϕ_t 分别代表个体固定效应和时间固定效应。

在模型（3-1）中，个体固定效应 η_i 不能被观测到，且与其他解释变量相关，这可能导致估计结果有偏且不一致。因此，用两步差分 GMM 估计时先采用一阶差分来消除 η_i：

$$\Delta ROA_{i,t} = \alpha_1 \Delta ROA_{i,t-1} + \alpha_2 \Delta RISK_t + \alpha_3 \Delta LnSUB_{i,t} + \beta \Delta z_{i,t} + \Delta \phi_t + \Delta \varepsilon_{i,t} \qquad (3-2)$$

其中，Δ 代表变量的一阶差分。通过识别方程（3-2）的参数可以获得两步差分 GMM 估计量。

环境风险与可再生能源企业绩效之间的关系可能会受到不同补贴水平的影响，为检验政府补贴对环境风险和企业绩效关系的调节作用，本书在基础模型（3-1）中加入环境风险与政府补贴的交乘项，扩展模型如下：

$$\mathrm{ROA}_{i,t} = \alpha_1 \mathrm{ROA}_{i,t-1} + \alpha_2 \mathrm{RISK}_t + \alpha_3 \mathrm{RISK}_t \times \mathrm{LnSUB}_{i,t} + \alpha_4 \mathrm{LnSUB}_{i,t} + \beta z_{i,t} + \eta_i + \phi_t + \varepsilon_{i,t}$$

$$(3-3)$$

其中，各变量的定义与模型（3-1）中的定义相同。在模型（3-3）中，主要关注系数 α_3，如果 $\alpha_3 > 0$，那么政府补贴对环境风险与可再生能源企业绩效之间的关系具有正向调节作用；如果 $\alpha_3 < 0$，那么政府补贴对环境风险与可再生能源企业绩效之间的关系具有负向调节作用。模型（3-3）的一阶差分形式如下：

$$\Delta \mathrm{ROA}_{i,t} = \alpha_1 \Delta \mathrm{ROA}_{i,t-1} + \alpha_2 \Delta \mathrm{RISK}_t + \alpha_3 \Delta \mathrm{RISK}_t \times \Delta \mathrm{LnSUB}_{i,t} +$$

$$\alpha_4 \Delta \mathrm{LnSUB}_{i,t} + \beta \Delta z_{i,t} + \Delta \phi_t + \Delta \varepsilon_{i,t}$$

$$(3-4)$$

另外，使用变量的滞后项作为工具变量，可以改善模型中的内生性问题。两步差分 GMM 模型估计的关键检验程序包括 Sargan 检验和二阶序列相关检验，并要求这两个检验的结果都不能拒绝原假设。具体地，Sargan 检验是过度识别检验，其原假设为工具变量与残差不相关，如果该原假设不能被拒绝，那么证明模型中使用的工具变量是有效的。二阶序列相关检验的原假设是残差之间不存在二阶序列相关，如果该原假设不能被拒绝，那么证明残差之间不存在二阶序列相关。

第四节　实证结果

一、描述性统计和相关性分析

表 3-2 报告了全样本、国有可再生能源企业样本和民营可再生能源企业样本中各变量的描述性统计结果。结果显示，ROA 和 ROE 的均值分别为 0.028 和 0.023，表明中国的可再生能源企业可以利用其总资产和自有资本有效创造利润。具体而言，民营可再生能源企业的 ROA 和 ROE 的均值均大于国有可再生能源企业，说明民营可再生能源企业的财务绩效平均高于国有可再生能源企业，民营可再生能源企业的运营效率更高。这一统计特征与部分研究的发现一致，即国有企业的背景可能会削弱其财务绩效（Faccio 等，2006；Boubakri 等，2008）。

表 3-2　各变量的描述性统计

全样本					
变量	均值	标准差	最大值	最小值	样本量
ROA	0.028	0.072	0.310	−1.648	1847
ROE	0.023	0.710	0.938	−20.737	1847
SUB（元）	7.84e+07	2.33e+08	2.87e+09	0.000	1847
ER	40.264	0.627	41.708	38.417	1847
PR	60.392	4.251	70.167	55.000	1847
FR	47.292	0.643	48.000	44.667	1847
CR	73.974	2.208	79.375	71.229	1847
AGE（年）	15.523	6.026	34.33	0.920	1847
TOP	0.359	0.161	0.889	0.036	1847
SIZE	22.495	1.411	27.293	19.007	1847
LEV	0.504	0.199	0.979	0.013	1847
STAFF	0.014	0.012	0.188	0.0001	1847
GDPG	0.082	0.018	0.142	0.067	1847
INF	0.032	0.026	0.081	−0.002	1847
TRADE	0.448	0.075	0.645	0.369	1847

国有企业样本					
变量	均值	标准差	最大值	最小值	样本量
ROA	0.025	0.043	0.298	−0.586	848
ROE	0.019	0.845	0.938	−20.737	848
SUB（元）	1.30e+08	3.16e+08	2.87e+09	0.000	848
ER	40.256	0.725	41.708	38.417	848
PR	61.436	4.763	70.167	55.000	848
FR	47.243	0.768	48.000	44.667	848
CR	74.467	2.435	79.375	71.229	848
AGE（年）	16.039	6.156	34.08	1.170	848
TOP	0.403	0.165	0.841	0.093	848
SIZE	23.153	1.529	27.293	19.826	848
LEV	0.605	0.169	0.972	0.013	848
STAFF	0.013	0.013	0.100	0.0001	848
GDPG	0.086	0.020	0.142	0.067	848
INF	0.034	0.027	0.081	−0.002	848
TRADE	0.464	0.083	0.645	0.369	848

民营企业样本					
变量	均值	标准差	最大值	最小值	样本量
ROA	0.031	0.089	0.310	−1.648	999
ROE	0.026	0.571	0.432	−15.188	999
SUB（元）	3.47e+07	1.08e+08	2.34e+09	0.000	999
ER	40.271	0.529	41.708	38.583	999
PR	59.506	3.530	70.167	55.000	999
FR	47.332	0.511	48.000	44.667	999
CR	73.555	1.898	79.375	71.229	999
AGE（年）	15.084	5.881	34.33	0.92	999
TOP	0.321	0.147	0.889	0.036	999
SIZE	21.935	1.008	25.994	19.007	999
LEV	0.418	0.182	0.979	0.040	999
STAFF	0.014	0.010	0.188	0.0003	999
GDPG	0.079	0.015	0.142	0.067	999
INF	0.030	0.025	0.081	−0.002	999
TRADE	0.435	0.063	0.645	0.369	999

对于 SUB、AGE、TOP、SIZE 和 LEV 等变量的均值，国有可再生能源企业均高于民营可再生能源企业，这说明与民营可再生能源企业相比，国有可再生能源企业平均获得的政府补贴更多，存续时间更长，股权集中度更高，规模更大，杠杆比率更高。特别地，国有可再生能源企业平均获得的政府补贴是民营可再生能源企业的近 4 倍，表明国有可再生能源企业在获得政府补贴方面更具优势（Yu 等，2016；Jin 等，2018）。在国有可再生能源企业样本中，政府补贴（SUB）的标准差为 3.16e+08；在民营可再生能源企业样本中，政府补贴（SUB）的标准差为 1.08e+08，说明各民营可再生能源企业获得政府补贴额度的差距比国有可再生能源企业的更小。

在全样本中，ER（经济风险指数）、PR（政治风险指数）、FR（金融风险指数）和 CR（综合风险指数）的均值分别为 40.264、60.392、47.292 和

73.974，根据 ICRG 评级的划分（Howell，2011）①，中国可再生能源企业在存续期间面临较低水平的风险。CR 的标准差为 2.208，数值较大，说明可再生能源企业在存续期间面临的综合环境波动较大。另外，在 ER、PR 和 FR 的标准差中，PR 的标准差最大。

在民营可再生能源企业样本中，PR 和 CR 的均值分别为 59.509 和 73.555，均低于国有可再生能源企业样本中的值，说明民营可再生能源企业在存续期间面临的综合风险和政治风险更高。特别地，PR 的均值 59.509 表明政治风险环境对民营可再生能源企业的发展更为不利。另外，在民营可再生能源企业样本中，ER、PR、FR 和 CR 的标准差均小于国有可再生能源企业样本中的值，说明民营可再生能源企业更适合在外部风险波动较小的环境下发展。

表 3-3 报告了各变量之间的相关系数结果。结果表明，LnSUB、TOP 和 SIZE 分别和 ROA（或 ROE）正向相关，LnAGE、LEV 和 STAFF 分别和 ROA（或 ROE）负向相关，说明接受的政府补贴越多、股权集中度越高、规模越大、年龄越小、杠杆比率越低、员工相对比例越低的可再生能源企业，其财务绩效越好。同时，四个风险指数分别和 ROA（或 ROE）正相关，说明在低风险的经济、金融、政治和综合环境中，可再生能源企业的财务绩效水平更高，原因可能是，在稳定的外部环境中，可再生能源企业能获得更多的投资和发展机会，从而有利于其财务业绩的提高。另外，较高的经济增长率（GDPG）、通货膨胀率（INF）和贸易开放度（TRADE）可以促进可再生能源企业财务绩效的提高。

表 3-3　各变量间相关系数

变量	ROA	ROE	ER	PR	FR	CR	LnSUB	LnAGE
ROA	1							
ROE	0.513*** (0.000)	1						

① 根据 ICRG 评级的划分，经济风险和金融风险的评级：得分 0~24.9 为很高风险，25~29.9 为高风险，30~34.9 为中风险，35~39.9 为低风险，40 及以上为很低风险；政治风险和综合风险的评级：得分 0~49.9 为很高风险，50~59.9 为高风险，60~69.9 为中风险，70~79.9 为低风险，80 及以上为很低风险。

续表

变量	ROA	ROE	ER	PR	FR	CR	LnSUB	LnAGE
ER	0.053** （0.022）	0.046** （0.049）	1					
PR	0.046** （0.048）	0.002 （0.918）	-0.046** （0.046）	1				
FR	0.081*** （0.000）	0.040* （0.084）	0.271*** （0.000）	0.119*** （0.000）	1			
CR	0.064*** （0.006）	0.015 （0.528）	0.137*** （0.000）	0.973*** （0.000）	0.299*** （0.000）	1		
LnSUB	0.018 （0.434）	0.026 （0.259）	0.107*** （0.000）	-0.325*** （0.000）	0.192*** （0.000）	-0.270*** （0.000）	1	
LnAGE	-0.017 （0.470）	-0.003 （0.903）	0.088*** （0.000）	-0.419*** （0.000）	-0.046** （0.047）	-0.397*** （0.000）	0.138*** （0.000）	1
TOP	0.114*** （0.000）	0.060*** （0.010）	-0.054** （0.021）	0.084*** （0.000）	-0.013 （0.591）	0.071*** （0.002）	0.004 （0.851）	-0.179*** （0.000）
SIZE	0.021 （0.371）	0.030 （0.193）	0.030 （0.204）	-0.183*** （0.000）	-0.061*** （0.009）	-0.181*** （0.000）	0.334*** （0.000）	0.217*** （0.000）
LEV	-0.234*** （0.000）	-0.119*** （0.000）	0.078*** （0.001）	0.107*** （0.000）	0.020 （0.389）	0.117*** （0.000）	0.018 （0.445）	0.122*** （0.000）
STAFF	-0.154*** （0.000）	-0.058** （0.013）	-0.126*** （0.000）	0.270 （0.000）	-0.138*** （0.000）	0.222*** （0.000）	-0.232*** （0.000）	-0.240*** （0.000）
GDPG	0.108*** （0.000）	0.039* （0.098）	0.140*** （0.000）	0.839*** （0.000）	0.288*** （0.000）	0.870*** （0.000）	-0.307*** （0.000）	-0.416*** （0.000）
INF	0.039* （0.091）	0.013 （0.565）	-0.041* （0.079）	0.516*** （0.000）	0.191*** （0.000）	0.519*** （0.000）	-0.127*** （0.000）	-0.191*** （0.000）
TRADE	0.090*** （0.000）	0.022 （0.338）	-0.063*** （0.006）	0.831*** （0.000）	0.296*** （0.000）	0.834*** （0.000）	-0.299*** （0.000）	-0.430*** （0.000）

变量	TOP	SIZE	LEV	STAFF	GDPG	INF	TRADE
TOP	1						
SIZE	0.218*** （0.000）	1					
LEV	0.029 （0.218）	0.513*** （0.000）	1				
STAFF	-0.099*** （0.000）	-0.448*** （0.000）	-0.191*** （0.000）	1			

变量	TOP	SIZE	LEV	STAFF	GDPG	INF	TRADE	
GDPG	0.072*** (0.000)	-0.195*** (0.000)	0.088*** (0.000)	0.229*** (0.000)	1			
INF	0.023 (0.000)	-0.070*** (0.000)	0.048** (0.000)	0.046** (0.000)	0.596*** (0.000)	1		
TRADE	0.084*** (0.000)	-0.210*** (0.000)	0.085*** (0.000)	0.242*** (0.000)	0.892*** (0.000)	0.542*** (0.000)	1	

注：***、**和*分别代表1%、5%和10%的显著性水平，括号内为标准误。

二、单位根检验

在进行回归分析之前，本书先对各变量进行单位根检验。表3-4报告了在全样本、国有可再生能源企业样本和民营可再生能源企业样本中，Fisher-augmented Dickey-Fuller（Fisher-ADF）面板单位根检验的结果。可以看出，在全样本和两个子样本中，所有变量都是平稳的。

表3-4　Fisher-ADF 面板单位根检验结果

变量	全样本	国有企业样本	民营企业样本
	Fisher-ADF 检验	Fisher-ADF 检验	Fisher-ADF 检验
ROA	896.124*** (0.000)	392.374*** (0.000)	503.750*** (0.000)
ROE	893.327*** (0.000)	409.605*** (0.000)	483.722*** (0.000)
LnSUB	884.397*** (0.000)	440.060*** (0.000)	444.337*** (0.000)
ER	1396.359*** (0.000)	688.039*** (0.000)	708.320*** (0.000)
PR	793.296*** (0.000)	319.091*** (0.000)	474.205*** (0.000)
FR	621.121*** (0.000)	347.562*** (0.000)	273.558*** (0.001)

变量	全样本	国有企业样本	民营企业样本
	Fisher-ADF 检验	Fisher-ADF 检验	Fisher-ADF 检验
CR	822.708*** (0.000)	321.365*** (0.000)	501.343*** (0.000)
LnAGE	4600.834*** (0.000)	2246.039*** (0.000)	2354.795*** (0.000)
TOP	650.424*** (0.000)	318.644*** (0.000)	331.780*** (0.000)
SIZE	692.752*** (0.000)	318.291*** (0.000)	374.461*** (0.000)
LEV	831.751*** (0.000)	383.914*** (0.000)	447.837*** (0.000)
STAFF	997.611*** (0.000)	486.376*** (0.000)	511.235*** (0.000)
GDPG	1161.698*** (0.000)	389.683*** (0.000)	772.016*** (0.000)
INF	1485.262*** (0.000)	603.055*** (0.000)	882.207*** (0.000)
TRADE	716.464*** (0.000)	288.069*** (0.000)	428.395*** (0.000)

注：***代表1%的显著性水平，括号内为标准误。

三、基本回归

（一）回归结果

表3-5报告了不考虑政府补贴的调节作用时，环境风险、政府补贴和可再生能源企业财务绩效之间关系的估计结果。表3-6报告了考虑政府补贴的调节作用的估计结果。两表中估计的所有方程的Sargan检验和二阶序列相关检验的结果都在10%的显著性水平下不能拒绝原假设，表明模型估计中使用的工具变量是有效的，且残差之间不存在二阶序列相关。因此，这两个检验支持了估计的GMM结果。此外，所有方程中，ROA滞后项［ROA（-1）］的估计结果都是显著为负的，表明可再生能源企业的财务绩效存在持续影响，即前一期的财务绩效表现将

持续影响到下一时期。ROA（-1）的负向影响可能是可再生能源产业存在产能过剩导致的。具体来讲，可再生能源企业上一期绩效表现较好，企业就会继续扩大投资和生产，过度的扩张容易导致产能过剩，从而使后续的业绩不佳。

表 3-5　环境风险、政府补贴和 ROA 的估计结果（不考虑交乘项）

模型	(1)	(2)	(3)	(4)
ROA（-1）	-0.2321*** (0.0032)	-0.2320*** (0.0032)	-0.2324*** (0.0031)	-0.2320*** (0.0032)
RISK	0.0896*** (0.0030)	-0.0202*** (0.0005)	0.0672*** (0.0020)	-0.0856*** (0.0023)
LnSUB	-0.0006*** (0.0001)	-0.0007*** (0.0001)	-0.0007*** (0.0001)	-0.0007*** (0.0001)
SIZE	-0.0175*** (0.0010)	-0.0173*** (0.0010)	-0.0178*** (0.0011)	-0.0173*** (0.0010)
LnAGE	-0.0459*** (0.0020)	-0.0465*** (0.0018)	-0.0450*** (0.0029)	-0.0465*** (0.0018)
TOP	0.1233*** (0.0033)	0.1231*** (0.0029)	0.1244*** (0.0035)	0.1231*** (0.0029)
LEV	-0.1398*** (0.0038)	-0.1408*** (0.0039)	-0.1398*** (0.0038)	-0.1408*** (0.0039)
STAFF	-2.4608*** (0.0323)	-2.4570*** (0.0322)	-2.4621*** (0.0330)	-2.4570*** (0.0322)
个体固定效应	控制	控制	控制	控制
时间固定效应	控制	控制	控制	控制
样本量	1451	1451	1451	1451
AR（2）（p值）	0.155	0.155	0.155	0.155
Sargan 检验（p值）	0.210	0.210	0.210	0.210

注：模型（1）~模型（4）中的 RISK 分别为 ER、PR、FR 和 CR；AR（2）为二阶序列相关检验；***代表1%的显著性水平，括号内为标准误。

表 3-6　环境风险、政府补贴和 ROA 的估计结果（考虑交乘项）

模型	(1)	(2)	(3)	(4)
ROA（-1）	-0.2528*** (0.0037)	-0.2472*** (0.0028)	-0.2531*** (0.0035)	-0.2463*** (0.0025)

续表

模型	（1）	（2）	（3）	（4）
RISK	0.0840***	−0.0173***	0.0659***	−0.0813***
	（0.0032）	（0.0005）	（0.0020）	（0.0024）
RISK×LnSUB	0.0001***	−0.0002***	−0.0001***	−0.0003***
	（0.0000）	（0.0000）	（0.0000）	（0.0000）
LnSUB	−0.0050***	0.0125***	0.0044***	0.0253***
	（0.0008）	（0.0007）	（0.0012）	（0.0011）
SIZE	−0.0122***	−0.0134***	−0.0117***	−0.0130***
	（0.0013）	（0.0013）	（0.0012）	（0.0013）
LnAGE	−0.0584***	−0.0553***	−0.0579***	−0.0552***
	（0.0032）	（0.0032）	（0.0023）	（0.0033）
TOP	0.0325***	0.0375***	0.0360***	0.0416***
	（0.0033）	（0.0041）	（0.0029）	（0.0033）
LEV	−0.1553***	−0.1590***	−0.1569***	−0.1585***
	（0.0031）	（0.0035）	（0.0027）	（0.0034）
STAFF	−2.4225***	−2.4702***	−2.4220***	−2.4699***
	（0.0281）	（0.0253）	（0.0285）	（0.0256）
个体固定效应	控制	控制	控制	控制
时间固定效应	控制	控制	控制	控制
样本量	1451	1451	1451	1451
AR（2）（p值）	0.143	0.150	0.142	0.150
Sargan 检验（p值）	0.317	0.322	0.316	0.316

注：模型（1）~模型（4）中的 RISK 分别为 ER、PR、FR 和 CR；AR（2）为二阶序列相关检验；***代表1%的显著性水平，括号内为标准误。

　　表3-5 的估计结果支持了假设 3.1，即不同类型的环境风险对可再生能源企业财务绩效的影响不同。综合风险指数［模型（4）］的估计结果显示，综合风险的降低不利于可再生能源企业财务绩效的提高。对于三个成分风险指数，模型（1）和模型（3）的结果分别显示，ER 和 FR 的估计系数为正，表明更稳定的经济和金融环境可以改善可再生能源企业的财务绩效，这与 Gupta（2017）的研究结果一致。模型（2）的结果显示，PR 的估计系数为负，表明随着政治风险的

降低，可再生能源企业的财务绩效会下降，这一结果与 Nazir 等（2014）、Matta 等（2018）、Hosny（2018）的发现相矛盾。

此外，表3-5 中的模型（1）~模型（4）的估计结果均支持了假设，这与 Zhang 等（2015）、Zhu 和 Liao（2019）、Wang 等（2021）的研究结果一致，他们提出，这可能是因为针对可再生能源行业的不完善的补贴标准和不合理的补贴结构会诱发寻租行为和补贴滥用，加剧可再生能源市场的扭曲，从而降低了可再生能源企业的财务绩效。

表3-6 中的模型（1）~模型（4）的估计结果大概表明，政府补贴对不同类型的环境风险与可再生能源企业财务绩效之间的关系的调节作用不显著，即支持了假设。

表3-5 和表3-6 中所有模型估计的控制变量的结果基本一致。结果显示，除 TOP 外，其他控制变量对可再生能源企业财务绩效的影响均为负。TOP 的正向影响说明，股权集中度越高的可再生能源企业，其财务绩效越好，股东控制权力的集中有利于增强对企业的管理和监督，可以减少管理者的机会主义倾向，从而促进可再生能源企业财务绩效的提高（Zhang 等，2015）。此外，SIZE 的负向影响说明，可再生能源企业的规模扩大会对其财务绩效产生不利影响，原因可能是规模扩大会增加企业内部的协作和管理问题，从而不利于企业财务绩效的提高（Faruq 和 Weidner，2018）。LnAGE 的负向影响说明，存续时间久的可再生能源企业的财务绩效并没有更高，这在一定程度上表明可再生能源企业可能无法很好地应对外部环境和市场的变化。LEV 的负向影响说明，杠杆率低的可再生能源企业的财务绩效更好，原因可能是杠杆比率的降低将为可再生能源企业节省利息支出，从而提高财务绩效。STAFF 的负向影响表明，员工的相对比例越低，可再生能源企业的财务绩效越好，较低的员工相对比例代表较高的生产和运营效率以及较低的人工成本，从而有利于可再生能源企业财务绩效的提高。

（二）进一步讨论

表3-5 中的结果表明，综合风险指数和政治风险指数对可再生能源企业的财务绩效具有负向影响。在稳定的综合环境下，经济、金融和政治风险都比较低，市场前景良好，可再生能源企业会进一步扩大投资和生产。但由于当前电网输送

能力不足（Zhang 等，2014）和市场机制不完善（Puck 等，2013）等问题，新增的电能不能及时输送到有需求的地区，从而可能引发产能过剩，对可再生能源企业的财务绩效产生不利影响。

经济风险指数和金融风险指数对可再生能源企业的财务绩效具有正向影响，可能的原因如下：第一，在稳定的经济环境下，经济主体会扩大生产，并增加对能源（包括可再生能源）的需求（Yu 等，2016；Zhao 等，2020），从而促进可再生能源企业财务绩效的提高。另外，在稳定的经济环境下，经济发展也会提高大众对环境质量的要求（Zhang 和 Chiu，2020）。在大众的环境需求下，政府会加强对环境的监管并加大推行清洁能源的力度，这也为可再生能源企业的发展提供了机会。第二，在稳定的金融环境下，外汇市场稳定，汇率波动小，有利于可再生能源企业的进出口贸易（Tambunan，2007），从而有助于企业财务绩效的提高。

表 3-6 中政府补贴对环境风险与可再生能源企业财务绩效之间关系的调节作用说明，政府补贴作为政府干预可再生能源行业的一种形式，可能会引发额外的问题。在更稳定的经济、政治和金融环境下，政府补贴的增加将刺激可再生能源企业扩大投资和生产。由于市场的信息不对称，每家可再生能源企业无法获得其他企业的生产策略，盲目扩大生产会导致产能过剩问题，从而损害可再生能源企业的财务绩效（Zhu 和 Liao，2018）。

（三）稳健性检验

本书通过更换企业财务绩效的测量方式来进行稳健性检验，采用文献中常用的另一个衡量企业财务绩效的变量——股本收益率（ROE）作为替代指标。表 3-7 和表 3-8 分别报告了不考虑和考虑政府补贴的调节作用的估计结果。两个表格中所有模型的 Sargan 检验和二阶序列相关检验的结果都在 10% 的显著性水平下不能拒绝原假设，支持了估计的 GMM 结果。各变量的估计结果和以 ROA 为被解释变量的估计结果基本一致，证明上文的估计结果是稳健的。另外，估计结果表明环境风险对 ROE 的影响及政府补贴对环境风险和 ROE 关系的调节作用均大于它们对 ROA 的影响程度，说明相比资产收益率，可再生能源企业的股本收益率更易受到外部环境风险的影响。

表 3-7 环境风险、政府补贴和 ROE 的估计结果（不考虑交乘项）

模型	（1）	（2）	（3）	（4）
ROE（-1）	-0.1106***	-0.1106***	-0.1017***	-0.1106***
	（0.0019）	（0.0019）	（0.0016）	（0.0019）
RISK	0.5544***	-0.1232***	0.0323***	-0.5218***
	（0.0129）	（0.0029）	（0.0013）	（0.0121）
LnSUB	-0.0013***	-0.0013***	-0.0049***	-0.0013***
	（0.0002）	（0.0002）	（0.0001）	（0.0002）
SIZE	-0.0919***	-0.0919***	-0.0346***	-0.0919***
	（0.0043）	（0.0043）	（0.0034）	（0.0043）
LnAGE	0.2435***	0.2435***	0.0285***	0.2435***
	（0.0113）	（0.0113）	（0.0055）	（0.0113）
TOP	2.1165***	2.1165***	1.5877***	2.1165***
	（0.0290）	（0.0290）	（0.0254）	（0.0290）
LEV	-0.8148***	-0.8148***	-0.7074***	-0.8148***
	（0.0080）	（0.0080）	（0.0071）	（0.0080）
STAFF	-9.2661***	-9.2661***	-7.3186***	-9.2661***
	（0.1228）	（0.1228）	（0.1033）	（0.1228）
个体固定效应	控制	控制	控制	控制
时间固定效应	控制	控制	控制	控制
样本量	1451	1451	1451	1451
AR（2）（p 值）	0.259	0.259	0.262	0.259
Sargan 检验（p 值）	0.851	0.851	0.851	0.851

注：模型（1）~模型（4）中的 RISK 分别为 ER、PR、FR 和 CR；AR（2）为二阶序列相关检验，***代表1%的显著性水平，括号内为标准误。

表 3-8 环境风险、政府补贴和 ROE 的估计结果（考虑交乘项）

模型	（1）	（2）	（3）	（4）
ROE（-1）	-0.1297***	-0.1383***	-0.1384***	-0.1451***
	（0.0008）	（0.0014）	（0.0013）	（0.0014）
RISK	0.7204***	-0.1280***	0.5887***	-0.0048***
	（0.0127）	（0.0026）	（0.0106）	（0.0012）
RISK×LnSUB	-0.0090***	0.0001**	-0.0101***	-0.0010***
	（0.0001）	（0.0000）	（0.0002）	（0.0000）

续表

模型	(1)	(2)	(3)	(4)
LnSUB	0.3631***	−0.0037*	0.4745***	0.0818***
	(0.0043)	(0.0022)	(0.0096)	(0.0035)
SIZE	−0.1734***	−0.1364***	−0.1128***	−0.1312***
	(0.0034)	(0.0040)	(0.0031)	(0.0032)
LnAGE	0.2737***	0.2118***	0.2555***	−0.0017
	(0.0087)	(0.0080)	(0.0083)	(0.0063)
TOP	2.2672***	2.2103***	2.2530***	1.4106***
	(0.0248)	(0.0284)	(0.0344)	(0.0183)
LEV	−0.6462***	−0.6343***	−0.6498***	−0.3768***
	(0.0056)	(0.0074)	(0.0102)	(0.0052)
STAFF	−9.8146***	−9.3472***	−9.5224***	−10.6676***
	(0.1261)	(0.1364)	(0.1214)	(0.1201)
个体固定效应	控制	控制	控制	控制
时间固定效应	控制	控制	控制	控制
样本量	1451	1451	1451	1451
AR（2）（p 值）	0.270	0.267	0.255	0.247
Sargan 检验（p 值）	0.938	0.881	0.900	0.882

注：模型（1）～模型（4）中的 RISK 分别为 ER、PR、FR 和 CR；AR（2）为二阶序列相关检验；***、** 和 * 分别代表1%、5%和10%的显著性水平，括号内为标准误。

本书进一步通过增加控制变量的方式进行稳健性检验，将宏观层面的控制变量增加到模型中，具体如下：

$$ROA_{i,t}=\alpha_1 ROA_{i,t-1}+\alpha_2 RISK_t+\alpha_3 LnSUB_{i,t}+\beta_1 z_{i,t}+\beta_2 y_t+\eta_i+\phi_t+\varepsilon_{i,t} \qquad (3-5)$$

$$ROA_{i,t}=\alpha_1 ROA_{i,t-1}+\alpha_2 RISK_t+\alpha_3 RISK_t\times LnSUB_{i,t}+\alpha_4 LnSUB_{i,t}+\beta_1 z_{i,t}+$$
$$\beta_2 y_t+\eta_i+\phi_t+\varepsilon_{i,t} \qquad (3-6)$$

其中，y_t 代表宏观层面的控制变量，包括经济增长率（GDPG）、通货膨胀率（INF）和贸易开放度（TRADE），其他变量的定义同模型（3-1），各变量的具体说明详见表3-1。

表3-9 和表3-10 分别报告了加入宏观控制变量后，不考虑和考虑政府补贴的调节作用时的 ROA 的估计结果。两个表中估计的所有模型的 Sargan 检验和二阶序列相关检验的结果都在10%的显著性水平下不能拒绝原假设，支持了

估计的 GMM 结果。各变量的估计结果和没加入宏观控制变量时 ROA 的估计结果基本一致，说明前文的估计结果是稳健的。其中，GDPG 的估计系数为正，说明随着经济增长率的提高，可再生能源企业的财务绩效有所改善。INF 的估计系数也基本为正，说明随着通货膨胀率的提高，可再生能源企业的财务绩效也有所改善，此结果和 Chang 等（2009）的研究结论一致。他们认为，通货膨胀压力是推动实施可再生能源政策的动力，有利于可再生能源企业的发展。TRADE 的估计系数为负，说明贸易开放度的提高可能不利于可再生能源企业财务绩效的提高，表明中国可再生能源企业在国际市场上需要进一步提升竞争优势。

表 3-9　加入宏观控制变量后 ROA 的估计结果（不考虑交乘项）

模型	（1）	（2）	（3）	（4）
ROA（-1）	-0.2321***	-0.2320***	-0.2324***	-0.2320***
	(0.0032)	(0.0032)	(0.0031)	(0.0032)
RISK	0.0362***	-0.0030***	-0.0062***	-0.0043***
	(0.0018)	(0.0001)	(0.0003)	(0.0002)
LnSUB	-0.0006***	-0.0007***	-0.0007***	-0.0007***
	(0.0001)	(0.0001)	(0.0001)	(0.0001)
SIZE	-0.0175***	-0.0173***	-0.0178***	-0.0173***
	(0.0010)	(0.0010)	(0.0011)	(0.0010)
LnAGE	-0.0459***	-0.0465***	-0.0450***	-0.0465***
	(0.0020)	(0.0018)	(0.0029)	(0.0018)
TOP	0.1233***	0.1231***	0.1244***	0.1231***
	(0.0033)	(0.0029)	(0.0035)	(0.0029)
LEV	-0.1398***	-0.1408***	-0.1398***	-0.1408***
	(0.0038)	(0.0039)	(0.0038)	(0.0039)
STAFF	-2.4608***	-2.4570***	-2.4621***	-2.4570***
	(0.0323)	(0.0322)	(0.0330)	(0.0322)
GDPG	6.4969***	13.3389***	18.6293***	15.4725***
	(0.3938)	(0.3682)	(0.5933)	(0.4321)
INF	0.6790***	0.1568***	-0.0945***	0.0406**
	(0.0305)	(0.0175)	(0.0205)	(0.0178)
TRADE	0.00590	-0.9837***	-1.3760***	-1.1709***
	(0.0444)	(0.0254)	(0.0406)	(0.0304)

续表

模型	（1）	（2）	（3）	（4）
个体固定效应	控制	控制	控制	控制
时间固定效应	控制	控制	控制	控制
样本量	1451	1451	1451	1451
AR（2）（p 值）	0.155	0.155	0.155	0.155
Sargan 检验（p 值）	0.210	0.210	0.210	0.210

注：模型（1）~模型（4）中的 RISK 分别为 ER、PR、FR 和 CR；AR（2）为二阶序列相关检验；***和**分别代表1%和5%的显著性水平，括号内为标准误。

表3-10 加入宏观控制变量后 ROA 的估计结果（考虑交乘项）

模型	（1）	（2）	（3）	（4）
ROA（−1）	−0.2528*** （0.0037）	−0.2472*** （0.0028）	−0.2531*** （0.0035）	−0.2463*** （0.0025）
RISK	0.0270*** （0.0021）	0.0011*** （0.0002）	−0.0031*** （0.0005）	0.0025*** （0.0003）
RISK×LnSUB	0.0001*** （0.0000）	−0.0002*** （0.0000）	−0.0001*** （0.0000）	−0.0003*** （0.0000）
LnSUB	−0.0050*** （0.0008）	0.0125*** （0.0007）	0.0044*** （0.0012）	0.0253*** （0.0011）
SIZE	−0.0122*** （0.0013）	−0.0134*** （0.0013）	−0.0117*** （0.0012）	−0.0130*** （0.0013）
LnAGE	−0.0584*** （0.0032）	−0.0553*** （0.0032）	−0.0579*** （0.0023）	−0.0552*** （0.0033）
TOP	0.0325*** （0.0033）	0.0375*** （0.0041）	0.0360*** （0.0029）	0.0416*** （0.0033）
LEV	−0.1553*** （0.0031）	−0.1590*** （0.0035）	−0.1569*** （0.0027）	−0.1585*** （0.0034）
STAFF	−2.4225*** （0.0281）	−2.4702*** （0.0253）	−2.4220*** （0.0285）	−2.4699*** （0.0256）
GDPG	7.9664*** （0.5005）	14.5390*** （0.4620）	17.5448*** （0.5763）	15.9983*** （0.4860）
INF	0.5009*** （0.0492）	0.1148*** （0.0224）	−0.0974*** （0.0192）	0.0241 （0.0224）

续表

模型	(1)	(2)	(3)	(4)
TRADE	-0. 2099 *** (0. 0534)	-1. 0641 *** (0. 0328)	-1. 2923 *** (0. 0403)	-1. 1916 *** (0. 0338)
个体固定效应	控制	控制	控制	控制
时间固定效应	控制	控制	控制	控制
样本量	1451	1451	1451	1451
AR (2) (p 值)	0. 143	0. 150	0. 142	0. 150
Sargan 检验 (p 值)	0. 317	0. 322	0. 316	0. 316

注：模型（1）～模型（4）中的 RISK 分别为 ER、PR、FR 和 CR；AR（2）为二阶序列相关检验；＊＊＊代表 1% 的显著性水平，括号内为标准误。

另外，本书还估计了加入宏观控制变量后，不考虑和考虑政府补贴的调节作用时的 ROE 的结果。结果显示，各变量的估计结果和没加入宏观控制变量时 ROE 的估计结果基本一致，进一步证明上文的估计结果是稳健的。

四、异质性分析

根据描述性统计分析的结果（见表 3-2）可以发现，国有和民营可再生能源企业具有不同的企业特征，如民营可再生能源企业的平均财务绩效高于国有可再生能源企业，而国有可再生能源企业比民营可再生能源企业获得的政府平均补贴更多、存续时间更长、股权集中度更高、规模更大、杠杆比率更高。这些不同的企业特征可能会导致两类企业具有不同的承受风险的能力，从而导致不同的风险、补贴和绩效关系。为了进一步研究环境风险和政府补贴对不同所有权性质的可再生能源企业财务绩效的不同影响，本书将总样本划分为国有和民营可再生能源企业，这样划分可以减小样本的异质性，寻找同一样本组内的共同特征，并为外部环境风险和企业绩效研究领域中这两个样本组的有限证据做出有益补充。

表 3-11 报告了不考虑政府补贴的调节作用时，国有和民营可再生能源企业 ROA 的估计结果。表 3-12 报告了考虑政府补贴的调节作用时，国有和民营可再生能源企业 ROA 的估计结果。两个表格中估计的所有模型的 Sargan 检验和二阶序列相关检验的结果都在 10% 的显著性水平下不能拒绝原假设，支持了估计的

GMM 结果。该结果表明，政府补贴、环境风险和可再生能源企业财务绩效之间的关系因企业不同的所有权属性而不同。

表 3-11 中模型（1）和模型（3）的估计结果显示，经济风险指数和金融风险指数均对国有可再生能源企业的财务绩效具有负向影响，说明随着经济风险和金融风险的降低，国有可再生能源企业的财务绩效将变差。模型（2）和模型（4）的估计结果显示，政治风险指数和综合风险指数对国有可再生能源企业的财务绩效具有正向影响，说明随着政治风险和综合风险的降低，国有可再生能源企业的财务绩效将获得改善。

表 3-11 中模型（5）和模型（7）的估计结果显示，随着经济风险和金融风险的降低，民营可再生能源企业的财务绩效将获得改善。模型（6）和模型（8）的估计结果显示，随着政治风险和综合风险的降低，民营可再生能源企业的财务绩效将变差，该结果与全样本的结果相似。模型（5）~模型（8）的估计结果均表明，政府补贴对民营可再生能源企业的财务绩效具有正向影响，表明民营可再生能源企业可以在一定程度上有效利用政府补贴提高企业的财务绩效。

表 3-11 国有和民营可再生能源企业 ROA 的估计结果（不考虑交乘项）

模型	(1)	(2)	(3)	(4)
	国有可再生能源企业			
ROA（-1）	-0.0450	-0.0007	-0.0450	-0.0007
	(0.0359)	(0.0305)	(0.0359)	(0.0305)
RISK	-0.0150**	0.0040***	-0.0109**	0.0170***
	(0.0067)	(0.0013)	(0.0049)	(0.0055)
LnSUB	-0.0010***	-0.0012***	-0.0010***	-0.0012***
	(0.0002)	(0.0002)	(0.0002)	(0.0002)
SIZE	-0.0101	-0.0069	-0.0101	-0.00690
	(0.0066)	(0.0057)	(0.0066)	(0.0057)
LnAGE	-0.0411	-0.0740***	-0.0411	-0.0740***
	(0.0274)	(0.0231)	(0.0274)	(0.0231)
TOP	-0.0096	-0.0468	-0.0096	-0.0468
	(0.0198)	(0.0301)	(0.0198)	(0.0301)
LEV	-0.1770***	-0.2335***	-0.1770***	-0.2335***
	(0.0268)	(0.0210)	(0.0268)	(0.0210)

续表

国有可再生能源企业				
模型	（1）	（2）	（3）	（4）
STAFF	−0.7168***	−0.6420**	−0.7168***	−0.6420**
	（0.2403）	（0.2596）	（0.2403）	（0.2596）
个体固定效应	控制	控制	控制	控制
时间固定效应	控制	控制	控制	控制
样本量	694	694	694	694
AR（2）（p值）	0.242	0.414	0.242	0.414
Sargan 检验（p值）	0.209	0.280	0.209	0.280
民营可再生能源企业				
模型	（5）	（6）	（7）	（8）
ROA（−1）	−0.3261***	−0.3261***	−0.3261***	−0.3261***
	（0.0051）	（0.0051）	（0.0051）	（0.0051）
RISK	0.1431***	−0.0318***	0.1041***	−0.1347***
	（0.0062）	（0.0014）	（0.0045）	（0.0058）
LnSUB	0.0038***	0.0038***	0.0038***	0.0038***
	（0.0003）	（0.0003）	（0.0003）	（0.0003）
SIZE	0.00180	0.00180	0.00180	0.00180
	（0.0020）	（0.0020）	（0.0020）	（0.0020）
LnAGE	−0.0312***	−0.0312***	−0.0312***	−0.0312***
	（0.0056）	（0.0056）	（0.0056）	（0.0056）
TOP	0.2852***	0.2852***	0.2852***	0.2852***
	（0.0173）	（0.0173）	（0.0173）	（0.0173）
LEV	−0.1582***	−0.1582***	−0.1582***	−0.1582***
	（0.0078）	（0.0078）	（0.0078）	（0.0078）
STAFF	−4.0193***	−4.0193***	−4.0193***	−4.0193***
	（0.0201）	（0.0201）	（0.0201）	（0.0201）
个体固定效应	控制	控制	控制	控制
时间固定效应	控制	控制	控制	控制
样本量	757	757	757	757
AR（2）（p值）	0.157	0.156	0.151	0.166
Sargan 检验（p值）	0.550	0.550	0.550	0.550

注：模型（1）和模型（5）中的 RISK 为 ER，模型（2）和模型（6）中的 RISK 为 PR，模型（3）和模型（7）中的 RISK 为 FR，模型（4）和模型（8）中的 RISK 为 CR；AR（2）为二阶序列相关检验；***和**分别代表1%和5%的显著性水平，括号内为标准误。

表 3-11 的结果进一步表明，环境风险对民营可再生能源企业财务绩效的影响程度（绝对值）大于对国有可再生能源企业财务绩效的影响。这说明与国有可再生能源企业的财务绩效相比，民营可再生能源企业的财务绩效更容易受外部环境风险的影响，即民营可再生能源企业抵御风险的能力比国有可再生能源企业差。经济风险指数对国有和民营可再生能源企业财务绩效的影响程度都比较大，表明无论对国有还是民营可再生能源企业，外部经济环境的波动都会对企业的财务绩效产生比较大的影响。

另外，政府补贴对民营可再生能源企业财务绩效的影响程度（绝对值）大于对国有可再生能源企业财务绩效的影响，说明政府补贴对不同所有权属性的可再生能源企业的财务绩效有不同影响。相比国有可再生能源企业，民营可再生能源企业更易受到政府补贴的影响。

表 3-12 中模型（1）～模型（4）的估计结果大概表明，政府补贴对环境风险与国有可再生能源企业财务绩效之间的关系具有正向调节作用。这可能因为在更加稳定的经济、政治和金融环境下，国有可再生能源企业可以利用其信息和渠道优势将补贴带来的产能转化为企业收益，从而提高财务绩效（Li 等，2019）。

表 3-12 中模型（5）或模型（7）的估计结果显示，政府补贴对经济风险指数（或金融风险指数）与民营可再生能源企业财务绩效之间的关系的调节作用不显著。模型（6）或模型（8）的估计结果显示，政府补贴对政治风险指数（或综合风险指数）与民营可再生能源企业财务绩效之间的关系具有正向调节作用。

表 3-12　国有和民营可再生能源企业 ROA 的估计结果（考虑交乘项）

国有可再生能源企业				
模型	（1）	（2）	（3）	（4）
ROA（-1）	-0.0295 （0.0329）	0.0088 （0.0347）	-0.0395 （0.0347）	0.0690** （0.0304）
RISK	-0.0213*** （0.0078）	0.0056*** （0.0014）	-0.0158** （0.0069）	0.0013 （0.0059）
RISK×LnSUB	0.0004*** （0.0001）	-0.0002*** （0.0000）	0.0003** （0.0002）	0.0001** （0.0001）

续表

国有可再生能源企业				
模型	（1）	（2）	（3）	（4）
LnSUB	−0.0169***	0.0094***	−0.0173**	−0.0121***
	（0.0056）	（0.0028）	（0.0084）	（0.0045）
SIZE	−0.0130***	−0.00650	−0.0094**	−0.0319***
	（0.0050）	（0.0059）	（0.0046）	（0.0058）
LnAGE	−0.0425*	−0.0880***	−0.0273	0.0918***
	（0.0246）	（0.0281）	（0.0235）	（0.0264）
TOP	0.0052	−0.0568**	−0.0062	0.0554***
	（0.0326）	（0.0263）	（0.0327）	（0.0184）
LEV	−0.1822***	−0.2145***	−0.1829***	−0.1476***
	（0.0217）	（0.0253）	（0.0225）	（0.0103）
STAFF	−0.6313***	−0.8654***	−0.5860**	−0.8125***
	（0.2231）	（0.2640）	（0.2379）	（0.0998）
个体固定效应	控制	控制	控制	控制
时间固定效应	控制	控制	控制	控制
样本量	694	694	694	694
AR（2）（p 值）	0.230	0.549	0.231	0.862
Sargan 检验（p 值）	0.195	0.326	0.196	0.284
民营可再生能源企业				
模型	（5）	（6）	（7）	（8）
ROA（−1）	−0.3217***	−0.3215***	−0.3484***	−0.3242***
	（0.0115）	（0.0106）	（0.0117）	（0.0111）
RISK	0.1313***	−0.0315***	0.1570***	−0.1199***
	（0.0123）	（0.0023）	（0.0225）	（0.0083）
RISK×LnSUB	−0.0006	0.0003***	−0.0045***	0.0004***
	（0.0005）	（0.0001）	（0.0011）	（0.0001）
LnSUB	0.0245	−0.0184***	0.2126***	−0.0284***
	（0.0222）	（0.0051）	（0.0522）	（0.0096）
SIZE	0.0245***	0.0259***	0.0188***	0.0248***
	（0.0042）	（0.0045）	（0.0040）	（0.0041）
LnAGE	−0.0172**	−0.0172**	−0.0212***	−0.0193***
	（0.0070）	（0.0076）	（0.0067）	（0.0068）

续表

	民营可再生能源企业			
模型	（5）	（6）	（7）	（8）
TOP	0.3555 ***	0.3651 ***	0.3530 ***	0.3527 ***
	（0.0346）	（0.0332）	（0.0328）	（0.0347）
LEV	−0.1693 ***	−0.1701 ***	−0.1638 ***	−0.1692 ***
	（0.0100）	（0.0108）	（0.0108）	（0.0106）
STAFF	−3.9687 ***	−3.9609 ***	−3.9890 ***	−3.9635 ***
	（0.0496）	（0.0503）	（0.0608）	（0.0512）
个体固定效应	控制	控制	控制	控制
时间固定效应	控制	控制	控制	控制
样本量	757	757	757	757
AR（2）（p 值）	0.192	0.193	0.157	0.202
Sargan 检验（p 值）	0.222	0.230	0.313	0.227

注：模型（1）和模型（5）中的 RISK 为 ER，模型（2）和模型（6）中的 RISK 为 PR，模型（3）和模型（7）中的 RISK 为 FR，模型（4）和模型（8）中的 RISK 为 CR；AR（2）为二阶序列相关检验；***、** 和 * 分别代表 1%、5% 和 10% 的显著性水平，括号内为标准误。

在国有和民营可再生能源企业样本中，政府补贴对环境风险和企业财务绩效之间关系的不同调节作用说明，政府补贴可能提高国有可再生能源企业应对外部风险的能力，改善其财务绩效；在稳定的经济和金融环境中，政府补贴对不同的民营可再生能源企业的影响不同。

表 3-11 和表 3-12 中所有模型估计的控制变量的结果基本一致。综合来看，民营可再生能源企业在运营和成长能力方面比国有可再生能源企业更具优势。具体来讲，SIZE 对国有和民营可再生能源企业财务绩效分别有负向和正向影响，表明民营可再生能源企业的效率更高（Yu 等，2020），并且更易实现规模经济（Faruq 和 Weidner，2018）。这可能是因为，为保持经济发展和社会稳定，中国国有企业的性质使它们有责任在政府引导下做出某些决策（如进出口贸易决策和就业决策）（Zhang 等，2014）。STAFF 对国有可再生能源企业财务绩效的负向影响（绝对值）大于对民营可再生能源企业财务绩效的负向影响（绝对值），说明每万元主营业务收入用工人数的增加对国有可再生能源企业的财务绩效有更大的

不利影响。LEV 对国有可再生能源企业财务绩效的负向影响（绝对值）也大于对民营可再生能源企业财务绩效的负向影响（绝对值）。另外，TOP 对国有和民营可再生能源企业财务绩效分别有负向和正向影响，表明股权集中度的提高有利于民营可再生能源企业财务绩效的提高，而不利于国有可再生能源企业财务绩效的提高。

为检验异质性分析结果的稳健性，将企业财务绩效的测量方式更换为股本收益率（ROE）。表 3-13 和表 3-14 分别报告了不考虑和考虑政府补贴的调节作用时，国有和民营可再生能源企业 ROE 的估计结果。两个表中所有估计模型的 Sargan 检验和二阶序列相关检验的结果都在 10% 的显著性水平下不能拒绝原假设，支持了估计的 GMM 结果。各变量的估计结果和以 ROA 为被解释变量时的估计结果基本一致，证明前文的估计结果是稳健的。

表 3-13　国有和民营可再生能源企业 ROE 的估计结果（不考虑交乘项）

国有可再生能源企业				
模型	（1）	（2）	（3）	（4）
ROE（-1）	-0.2926 *** (0.0106)	-0.3194 *** (0.0283)	-0.3194 *** (0.0283)	-0.3194 *** (0.0283)
RISK	0.4661 *** (0.0468)	-0.0454 *** (0.0158)	0.1486 *** (0.0518)	-0.1923 *** (0.0670)
LnSUB	0.0089 *** (0.0016)	-0.0256 *** (0.0029)	-0.0256 *** (0.0029)	-0.0256 *** (0.0029)
SIZE	-0.1297 *** (0.0315)	0.0583 (0.0474)	0.0583 (0.0474)	0.0583 (0.0474)
LnAGE	2.5886 *** (0.2358)	1.5153 *** (0.2816)	1.5153 *** (0.2816)	1.5153 *** (0.2816)
TOP	2.6344 *** (0.2341)	2.4999 *** (0.2604)	2.4999 *** (0.2604)	2.4999 *** (0.2604)
LEV	-1.5795 *** (0.0760)	-0.337 (0.2732)	-0.337 (0.2732)	-0.337 (0.2732)
STAFF	-16.2218 *** (1.3804)	-11.2498 *** (2.2910)	-11.2498 *** (2.2910)	-11.2498 *** (2.2910)

续表

国有可再生能源企业				
模型	（1）	（2）	（3）	（4）
个体固定效应	控制	控制	控制	控制
时间固定效应	控制	控制	控制	控制
样本量	694	694	694	694
AR（2）（p 值）	0.239	0.295	0.295	0.295
Sargan 检验（p 值）	0.348	0.843	0.843	0.843
民营可再生能源企业				
模型	（5）	（6）	（7）	（8）
ROE（-1）	-0.5924***	-0.4680***	-0.4680***	-0.4680***
	（0.0145）	（0.0436）	（0.0436）	（0.0436）
RISK	0.9070***	-0.1177***	0.3851***	-0.4983***
	（0.0311）	（0.0143）	（0.0467）	（0.0604）
LnSUB	0.0097***	0.0061***	0.0061***	0.0061***
	（0.0008）	（0.0016）	（0.0016）	（0.0016）
SIZE	0.5054***	0.5885***	0.5885***	0.5885***
	（0.0164）	（0.0367）	（0.0367）	（0.0367）
LnAGE	-0.3076***	-0.6491***	-0.6491***	-0.6491***
	（0.0151）	（0.1015）	（0.1015）	（0.1015）
TOP	-0.3003***	3.6551***	3.6551***	3.6551***
	（0.0891）	（0.1316）	（0.1316）	（0.1316）
LEV	-0.0362*	-0.0724*	-0.0724*	-0.0724*
	（0.0205）	（0.0418）	（0.0418）	（0.0418）
STAFF	2.5975***	2.3854***	2.3854***	2.3854***
	（0.2295）	（0.7705）	（0.7705）	（0.7705）
个体固定效应	控制	控制	控制	控制
时间固定效应	控制	控制	控制	控制
样本量	757	757	757	757
AR（2）（p 值）	0.097	0.224	0.225	0.223
Sargan 检验（p 值）	0.986	0.860	0.860	0.860

注：模型（1）和模型（5）中的 RISK 为 ER，模型（2）和模型（6）中的 RISK 为 PR，模型（3）和模型（7）中的 RISK 为 FR，模型（4）和模型（8）中的 RISK 为 CR；AR（2）为二阶序列相关检验；***和*分别代表1%和10%的显著性水平，括号内为标准误。

表3-14 国有和民营可再生能源企业 ROE 的估计结果（考虑交乘项）

国有可再生能源企业				
模型	（1）	（2）	（3）	（4）
ROE（-1）	-0.2518***	-0.2954***	-0.3132***	-0.2968***
	（0.0177）	（0.0138）	（0.0165）	（0.0147）
RISK	0.2947***	-0.1016***	0.0518	-0.3795***
	（0.0643）	（0.0098）	（0.0435）	（0.0371）
RISK×LnSUB	-0.0024**	0.0014***	0.0115***	0.0035***
	（0.0011）	（0.0002）	（0.0014）	（0.0006）
LnSUB	0.1007**	-0.0825***	-0.5338***	-0.2621***
	（0.0434）	（0.0161）	（0.0666）	（0.0415）
SIZE	-0.1975***	-0.1472***	-0.2835***	-0.2026***
	（0.0291）	（0.0478）	（0.0401）	（0.0499）
LnAGE	1.7209***	2.2253***	1.9129***	2.1443***
	（0.3226）	（0.1971）	（0.2953）	（0.2093）
TOP	1.9151***	2.2921***	2.4142***	2.7323***
	（0.2207）	（0.2825）	（0.2492）	（0.2121）
LEV	-1.3281***	-0.8261***	-0.5290***	-0.7542***
	（0.0862）	（0.1380）	（0.1255）	（0.1464）
STAFF	-10.4309***	-18.9066***	-16.7050***	-18.2742***
	（1.8253）	（1.5149）	（1.9684）	（1.6476）
个体固定效应	控制	控制	控制	控制
时间固定效应	控制	控制	控制	控制
样本量	694	694	694	694
AR（2）（p 值）	0.275	0.239	0.239	0.243
Sargan 检验（p 值）	0.898	0.937	0.939	0.938
民营可再生能源企业				
模型	（5）	（6）	（7）	（8）
ROE（-1）	-0.6040***	-0.4662***	-0.7861***	-0.3725***
	（0.0130）	（0.1043）	（0.1039）	（0.0700）
RISK	1.0160***	-0.0962***	0.6454***	-0.4550***
	（0.0424）	（0.0230）	（0.2155）	（0.0660）
RISK×LnSUB	-0.0088***	0.0021***	-0.0242**	0.0014**
	（0.0011）	（0.0006）	（0.0114）	（0.0006）

续表

民营可再生能源企业				
模型	（5）	（6）	（7）	（8）
LnSUB	0.3691*** （0.0458）	−0.1228*** （0.0421）	1.1550** （0.5428）	−0.0980** （0.0435）
SIZE	0.5297*** （0.0128）	0.9478*** （0.1155）	0.8015*** （0.1225）	0.5719*** （0.0461）
LnAGE	−0.3513*** （0.0080）	−0.1664 （0.1878）	−0.2615 （0.1808）	−0.5372*** （0.0668）
TOP	−0.3866*** （0.0660）	8.6987*** （0.7578）	5.9785*** （1.0839）	3.8007*** （0.2918）
LEV	0.0251 （0.0189）	−0.6578*** （0.1001）	−0.4536*** （0.1118）	−0.1143* （0.0595）
STAFF	3.0951*** （0.2631）	1.0335 （1.8360）	0.5196 （2.1233）	2.8029*** （0.8855）
个体固定效应	控制	控制	控制	控制
时间固定效应	控制	控制	控制	控制
样本量	757	757	757	757
AR（2）（p值）	0.102	0.941	0.473	0.234
Sargan 检验（p值）	0.954	0.739	0.806	0.664

注：模型（1）和模型（5）中的 RISK 为 ER，模型（2）和模型（6）中的 RISK 为 PR，模型（3）和模型（7）中的 RISK 为 FR，模型（4）和模型（8）中的 RISK 为 CR；AR（2）为二阶序列相关检验；***、**和*分别代表1%、5%和10%的显著性水平，括号内为标准误。

本书进一步通过增加控制变量的方式来检验异质性分析结果的稳健性，将宏观层面的控制变量包括经济增长率（GDPG）、通货膨胀率（INF）和贸易开放度（TRADE）增加到模型中。表3-15 报告了加入宏观控制变量后不考虑政府补贴的调节作用时，国有和民营可再生能源企业的 ROA 的估计结果。表3-16 报告了加入宏观控制变量后考虑政府补贴的调节作用时，国有和民营可再生能源企业 ROA 的估计结果。两个表格中估计的所有模型的 Sargan 检验和二阶序列相关检验的结果都在 10% 的显著性水平下不能拒绝原假设，支持了估计的 GMM 结果。各变量的估计结果和没加入宏观控制变量模型的 ROA 的估计结果基本一致，证明前文的估计结果是稳健的。

表3-15 加入宏观控制变量后国有和民营可再生能源企业 ROA 的估计结果（不考虑交乘项）

国有可再生能源企业				
模型	（1）	（2）	（3）	（4）
ROA（−1）	0.1108*** (0.0374)	0.1289*** (0.0429)	0.1163*** (0.0386)	0.1306*** (0.0333)
RISK	0.0101* (0.0052)	−0.0009** (0.0004)	−0.0024** (0.0010)	−0.0015** (0.0008)
LnSUB	−0.0016*** (0.0003)	−0.0018*** (0.0003)	−0.0012*** (0.0003)	−0.0007 (0.0005)
GDPG	−4.1004** (1.6728)	−4.1025*** (1.4062)	−1.081 (1.0920)	−1.2557 (1.1096)
INF	0.0556 (0.1053)	−0.0067 (0.0864)	−0.118 (0.0777)	−0.1331 (0.0948)
TRADE	0.4076** (0.1928)	0.2127*** (0.0747)	0.0284 (0.0459)	0.1063** (0.0488)
企业层控制变量	控制	控制	控制	控制
个体固定效应	控制	控制	控制	控制
时间固定效应	控制	控制	控制	控制
样本量	694	694	694	694
AR（2）（p值）	0.734	0.547	0.669	0.432
Sargan 检验（p值）	0.484	0.484	0.457	0.058
民营可再生能源企业				
模型	（5）	（6）	（7）	（8）
ROA（−1）	−0.3261*** (0.0051)	−0.3261*** (0.0051)	−0.3261*** (0.0051)	−0.3261*** (0.0051)
RISK	0.0270*** (0.0054)	−0.0022*** (0.0004)	−0.0045*** (0.0009)	−0.0032*** (0.0006)
LnSUB	0.0038*** (0.0003)	0.0038*** (0.0003)	0.0038*** (0.0003)	0.0038*** (0.0003)
GDPG	18.7399*** (1.5072)	23.6853*** (1.0879)	27.3344*** (1.2828)	25.2506*** (1.1181)
INF	0.4530*** (0.0996)	0.0688** (0.0316)	−0.1108*** (0.0302)	−0.0165 (0.0252)
TRADE	−0.9293*** (0.1751)	−1.6546*** (0.0779)	−1.9263*** (0.0882)	−1.7920*** (0.0786)

续表

民营可再生能源企业				
模型	（5）	（6）	（7）	（8）
企业层控制变量	控制	控制	控制	控制
个体固定效应	控制	控制	控制	控制
时间固定效应	控制	控制	控制	控制
样本量	757	757	757	757
AR（2）（p 值）	0.167	0.230	0.281	0.251
Sargan 检验（p 值）	0.550	0.550	0.550	0.550

注：模型（1）和模型（5）中的 RISK 为 ER，模型（2）和模型（6）中的 RISK 为 PR，模型（3）和模型（7）中的 RISK 为 FR，模型（4）和模型（8）中的 RISK 为 CR；AR（2）为二阶序列相关检验；***、** 和 * 分别代表 1%、5% 和 10% 的显著性水平，括号内为标准误。企业层控制变量包括 SIZE、LnAGE、TOP、LEV 和 STAFF，它们的估计结果与前文一致，为使表格简化，此处未报告其结果。

表 3-16　加入宏观控制变量后国有和民营可再生能源企业 ROA 的估计结果（考虑交乘项）

国有可再生能源企业				
模型	（1）	（2）	（3）	（4）
ROA（-1）	-0.0295 (0.0329)	0.0088 (0.0347)	-0.0395 (0.0347)	0.0690 ** (0.0304)
RISK	-0.0060 (0.0083)	0.0028 *** (0.0010)	-0.0066 ** (0.0032)	-0.0052 *** (0.0012)
RISK×LnSUB	0.0004 *** (0.0001)	-0.0002 *** (0.0000)	0.0003 ** (0.0002)	0.0001 ** (0.0001)
LnSUB	-0.0169 *** (0.0056)	0.0094 *** (0.0028)	-0.0173 ** (0.0084)	-0.0121 *** (0.0045)
GDPG	-2.2212 (2.4418)	-2.2172 ** (1.0273)	-1.454 (1.3500)	0.0444 (1.2445)
INF	-0.1263 (0.1523)	-0.00790 (0.0646)	-0.2076 *** (0.0597)	-0.3582 *** (0.0752)
TRADE	0.1277 (0.2742)	0.1356 ** (0.0584)	0.1051 (0.0742)	0.1297 * (0.0755)
企业层控制变量	控制	控制	控制	控制
个体固定效应	控制	控制	控制	控制
时间固定效应	控制	控制	控制	控制

续表

国有可再生能源企业				
模型	（1）	（2）	（3）	（4）
样本量	694	694	694	694
AR（2）（p 值）	0.230	0.549	0.231	0.862
Sargan 检验（p 值）	0.195	0.326	0.196	0.284

民营可再生能源企业				
模型	（5）	（6）	（7）	（8）
ROA（−1）	−0.3145*** （0.0075）	−0.3215*** （0.0106）	−0.3484*** （0.0117）	−0.3242*** （0.0111）
RISK	0.0112 （0.0120）	−0.0088*** （0.0014）	0.0671*** （0.0183）	−0.0116*** （0.0021）
RISK×LnSUB	0.0013* （0.0007）	0.0003*** （0.0001）	−0.0045*** （0.0011）	0.0004*** （0.0001）
LnSUB	−0.0530* （0.0298）	−0.0184*** （0.0051）	0.2126*** （0.0522）	−0.0284*** （0.0096）
GDPG	14.2445*** （1.1427）	18.3970*** （1.6133）	23.1111*** （2.2835）	21.3134*** （1.6605）
INF	0.5190*** （0.0712）	−0.0317 （0.0527）	−0.2378*** （0.0667）	−0.1715*** （0.0485）
TRADE	−0.5326*** （0.1084）	−1.1447*** （0.1202）	−1.5311*** （0.1616）	−1.4026*** （0.1228）
企业层控制变量	控制	控制	控制	控制
个体固定效应	控制	控制	控制	控制
时间固定效应	控制	控制	控制	控制
样本量	757	757	757	757
AR（2）（p 值）	0.176	0.218	0.242	0.240
Sargan 检验（p 值）	0.664	0.230	0.313	0.227

注：模型（1）和模型（5）中的 RISK 为 ER，模型（2）和模型（6）中的 RISK 为 PR，模型（3）和模型（7）中的 RISK 为 FR，模型（4）和模型（8）中的 RISK 为 CR；AR（2）为二阶序列相关检验；***、**和*分别代表1%、5%和10%的显著性水平，括号内为标准误。企业层控制变量包括 SIZE、LnAGE、TOP、LEV 和 STAFF，它们的估计结果与前文一致，为使表格简化，此处未报告其结果。

另外，本书还估计了加入宏观控制变量后不考虑和考虑政府补贴的调节作用时，国有和民营可再生能源企业的 ROE 的结果，详见附录。结果显示，各变量的估计结果和没加入宏观控制变量时 ROE 的估计结果基本一致，进一步证明前文的估计结果是稳健的。

第五节　小结

本章采用多维度的环境风险指数和两步差分 GMM 方法，考察环境风险（包括经济风险、金融风险、政治风险和综合风险）对中国可再生能源企业财务绩效的影响，以及政府补贴对环境风险与中国可再生能源企业财务绩效之间关系的调节作用。本章主要得出了如下结论：

第一，不同类型的环境风险指数对中国可再生能源企业财务绩效的影响不同。经济风险指数和金融风险指数对可再生能源企业的财务绩效具有正向影响，而政治风险指数和综合风险指数对可再生能源企业的财务绩效具有负向影响。

第二，政府补贴、环境风险和可再生能源企业财务绩效之间的关系因企业不同的所有权属性而不同。

本章证实了稳定的外部环境对可再生能源企业的发展具有重要作用。从企业角度来看，可再生能源企业应建立风险管理体系以增强抵御外部风险的能力。在制定经营战略时，企业还应考虑外部环境风险，根据外部风险的变化及时调整经营战略。从政府角度来看，中国政府应继续努力为可再生能源企业提供稳定的外部环境。①政府要促进需求市场的稳定，开拓金融渠道，保持政策稳定。②政府要推进电力管理体制改革，形成有利于可再生能源企业发展的市场机制。政府还应完善信息发布制度，为可再生能源企业提供准确、权威的行业产能和产能利用率信息。③政府应转变行业监管方式，着力提供信息服务和公共服务。

另外，在制定补贴政策时，政府不应盲目增加对可再生能源行业的补贴，应考虑不同环境风险环境下，补贴对可再生能源企业财务绩效的不同影响，同时根据国有企业和民营企业的不同特点和情况确定补贴额度。首先，政府应完善对可再生能源行业的补贴机制和补贴标准，加强对补贴使用的监管。例如，可再生能源企业的财务绩效可以作为标准，在获得补贴后，财务绩效下降的企业可以减少补贴，而财务绩效改善的企业可以增加补贴（Zhang 等，2015）。其次，政府应促进国有可再生能源企业发展效率的提高，适当加强对民营可再生能源企业的支持。最后，政府在对民营可再生能源企业进行补贴时，应注意政府补贴对其绩效的影响，防止引发额外的问题。

第四章 环境风险和政府补贴对不同绩效水平的可再生能源企业的影响

本章主要研究环境风险对不同绩效水平的可再生能源企业财务绩效的影响，以及政府补贴对这一关系的调节作用。首先分析了环境风险和政府补贴对不同绩效水平的可再生能源企业财务绩效的影响机制，以及政府补贴调节作用的机制，并提出对应的研究假设。其次构建分位数回归模型检验所提出的假设，并讨论分析相关结果。最后得出结论，提出政策建议。

第一节 问题的提出

本章于第三章的理论和实证分析中，证实了不同类型的环境风险对中国可再生能源企业财务绩效会产生不同的影响，且政府补贴对这一影响具有调节作用。然而，现有研究的一个重要缺陷是，主要关注环境风险和政府补贴对企业绩效平均分布的影响，忽略了它们对不同绩效水平的可再生能源企业财务绩效的不同影响。

中国可再生能源企业的发展是不平衡的，不能一概而论，对于不同绩效水平的可再生能源企业，可能有完全不同的风险、补贴和绩效的关系。首先，在不同的风险环境中，投资者对绩效水平较高和较低的可再生能源企业的态度和投资行为会有所差别，且不同绩效水平的可再生能源企业获得政府补贴的金额也会不同，这些因素会导致环境风险和政府补贴对不同绩效水平的可再生能源企业产生不同的影响（Fafchamps 和 Schündeln，2013；Li 等，2020；Bas 和 Berthou，2021）。其次，由于不同绩效水平的可再生能源企业具有不同的企业特征和经营策略，因此在面临外部环境风险时，绩效水平较高和较低的可再生能源企业在应对风险的能力上会有所差别（Zheng 等，2021）。同时，在对政府补贴的使用效率上也会有所不同（Zhang 等，2015），从而具有不同的财务绩效水平。

另外，有少量文献研究发现，某一风险因素（Bas 和 Berthou，2021；Hossain 等，2021）和政府补贴（王遂昆和郝继伟，2014；孙一等，2021）对绩效水平较低的中小企业会有特殊的影响，从侧面证实环境风险因素对不同绩效水平的可再生能源企业的财务绩效可能会有不同的影响。也有文献从宏观视角研究发现，风险因素对可再生能源使用水平较高和较低国家的可再生能源发展的影响会有异质性（Marques 等，2011；Belaïd 等，2021），而可再生能源行业的发展水平取决于企业的基本微观经济表现。据此可以推测，环境风险因素对不同绩效水平的可再生能源企业的影响也可能具有异质性。

本章的研究目的是通过采用 Powell（2016）的分位数估计方法，进一步探讨在不同绩效水平的可再生能源企业中，环境风险、政府补贴和企业财务绩效之间关系的变化。具体包括：①经济风险、金融风险、政治风险和综合风险对不同绩效水平的可再生能源企业的财务绩效的影响有何不同？②政府补贴对不同绩效水平的可再生能源企业的财务绩效的影响有何不同？③环境风险和政府补贴对不同绩效水平的可再生能源企业的财务绩效的交互影响有何不同？

本章构建了环境风险和政府补贴对不同绩效水平的可再生能源企业财务绩效影响的研究框架，可以从微观层面为不同绩效水平的可再生能源企业的研究做出有益补充。同时，有利于更深入地了解不同类型的外部环境风险和政府补贴对不同绩效水平的可再生能源企业财务绩效的影响差异，丰富相关的文献。另外，有利于更深入地了解在不同绩效水平的可再生能源企业中，政府补贴对环境风险和企业财务绩效之间关系的不同调节作用，为企业应对外部风险和政府制定补贴政策提供更具有针对性的建议。

第二节 理论分析和研究假设

一、环境风险对不同绩效水平的可再生能源企业的影响

经济风险反映了经济环境中的波动因素，如经济的繁荣、衰退和通货膨胀，这些因素可能会对可再生能源产业的发展产生重大影响。一些研究认为，经济增长是能源消费的重要驱动力（Tugcu 等，2012），经济增长意味着可以有更多的资源来推广可再生能源，能够支持可再生能源投资的高成本，从而促进可再生能源产业的发展。同时，较高的经济增长水平也可以使一个国家更好地应对与可再生能源使用相关的高能源价格（Chang 等，2009）。然而，高的经济增长也意味着额外的能源消耗，增加对市场上现有化石资源的使用，所以较高的经济发展水平也可能没有促进可再生能源的使用。Marques 等（2011）研究发现，当可再生能源使用所占份额较小时，经济增长会促进可再生能源的使用；而当可再生能源使用所占份额较大时，经济增长会抑制可再生能源的使用。由此可见，经济增长对可再生能源的作用会受到其所处发展阶段的影响，进而也会影响微观的企业层面。在不同的经济状态下，投资者针对可再生能源会有不同的投资行为（Li 等，2020），从而对不同绩效水平的可再生能源企业产生不同影响。

金融风险反映了一个国家金融环境的稳定性，稳定金融环境决定了可再生能源项目能否顺利实施。一方面，绩效较差的可再生能源企业往往受到的融资约束比较高，而一个更稳定的金融环境通常会让受融资约束的企业受益更多（Fafchamps 和 Schündeln，2013）。另一方面，在稳定的金融环境下，激烈的投资竞争可能会导致金融机构投资于即时回报更高的项目上，这往往会导致资本流向更具生产力和利润更高的可再生能源企业（Bas 和 Berthou，2021）。这两个方面的结合会导致金融资源在不同绩效水平的可再生能源企业之间的重新分配，从而影响企业的潜在产出。

政治风险涉及政治稳定、制度质量、经济政策不确定性和相关立法，这些因素都可能影响可再生能源企业。Brunnschweiler（2020）认为，总体政治稳定是促进可再生能源发展的主要前提。一些学者提出，薄弱的制度质量会阻碍一个国家可再生能源的发展，因为它会增加可再生能源政策的不确定性，从而抑制可再生能源的投资和消费（Uzar，2020；Ivanovski 和 Marinucci，2021）。相反，有利的立法环境可以支持可再生能源的发展。然而，不同绩效水平的可再生能源企业在面临政治风险时，也可能有不同的表现。对于绩效水平较低的可再生能源企业，其经营活动的基础薄弱，因此在应对政治风险时，它们会减少投资和生产。对于绩效水平较高的可再生能源企业，其强大的经济基础可以提高项目成功的概率，并且有能力投入大量资源到项目中，它们受政治风险的影响较小（Zheng 等，2021）。

基于以上关于不同类型环境风险因素和可再生能源企业财务绩效关系的分析，本章提出如下假设：

假设 4.1：环境风险对不同绩效水平的可再生能源企业的财务绩效有不同的影响。

二、政府补贴对不同绩效水平的可再生能源企业的影响

部分文献研究了政府补贴与可再生能源企业财务绩效之间的关系，并发现政府补贴对可再生能源企业财务绩效可能有正向影响（Zhang 等，2014；Liu 等，2019；Chang 等，2020），也可能有负向影响（Lesser，2013；Zhang 等，2015；Zhu 和 Liao，2019；Wang 等，2021）。Luo 等（2021a）发现，政府补贴对中国可再生能源发电企业长期的财务绩效具有积极影响。Yan 和 Huang（2021）的研究采用 3565 家中国 A 股上市企业的样本，发现政府补贴可以促进企业的财务绩效，且这一促进作用对绩效水平较低的企业更为显著，证实了政府补贴对不同绩效水平的企业影响的异质性。学界关于政府补贴和可再生能源企业财务绩效关系的研究尚未得出一致的结论，这可能和企业绩效的异质性有关。

绩效水平较低的可再生能源企业通常是技术水平相对较低和面临较高融资约束的初创企业，政府补贴可以通过信号传递等途径为这些企业提供资金支持，减小融资约束，降低债务成本，促进它们扩大投资和生产。如果这些企业将现有补贴用于研发和创新活动，会提高它们的总体生产效率，从而创造更大的经济效益。绩效水平较高的可再生能源企业通常生产技术比较成熟、基础设施比较完善、资金比较充足，政府补贴的促进作用可能不明显。另外，如果绩效水平较高的可再生能源企业将补贴用于研发技术升级，通常会对利润产生长期影响，而短期影响并不显著。

基于以上关于政府补贴和可再生能源企业财务绩效关系的分析，本章提出如下假设：

假设 4.2：政府补贴对绩效水平较低的可再生能源企业的财务绩效具有正向影响，而对绩效水平较高的可再生能源企业的财务绩效影响不显著。

三、政府补贴的调节作用

有研究表明，当企业面临财务困境时，补贴可以通过提供财务援助的机制影响其绩效。例如，当企业面临退市风险时，政府补贴可以使它们获得救助（Faccio 等，2006；Tao 等，2017；Li，2019）。然而，也有研究认为，政府补贴对困境中的企业的财务绩效影响不大（Lee 等，2014）。Luo 等（2021b）的研究强调了政府补贴的有效性取决于企业面临的法律环境和市场竞争，在法律保护薄弱的地区且面临强大的市场竞争的情况下，补贴可能不会提高科技初创企业的财务绩效。

从以上分析可以看出，在不同的环境风险水平下，企业保持盈利的能力反映了其应对风险的能力，补贴可能会影响企业应对外部风险的能力，从而影响其财务绩效。通过以上关于环境风险和政府补贴对不同绩效水平的可再生能源企业财务绩效影响的作用路径可以推测，对于绩效水平较高和绩效水平较低的可再生能源企业来说，在面临外部风险环境时，它们保持盈利的能力有很大区别，补贴对这两类企业应对外部风险能力的影响也会有所不同。由此，本章就政府补贴、环境风险和可再生能源企业财务绩效之间的关系提出以下假设：

假设 4.3：政府补贴对环境风险和不同绩效水平的可再生能源企业财务绩效之间的关系具有不同的调节作用。

第三节 数据与模型

一、数据和变量说明

(一)样本和数据来源

本章仍采用 2001~2018 年沪深交易所 A 股市场上市的 198 家可再生能源企业的非平衡面板数据集,其中有 77 家国有可再生能源企业和 121 家民营可再生能源企业。

环境风险指数(RISK)数据来自国际国家风险指南(ICRG)数据库。企业层面变量包括资产收益率(ROA)、股本收益率(ROE)、政府补贴(LnSUB)、企业规模(SIZE)、企业年龄(LnAGE)、股权集中度(TOP)、杠杆比率(LEV)和员工相对比例(STAFF)的数据来自国泰安(CSMAR)数据库和万得(Wind)数据库。宏观层面控制变量包括经济增长率(GDPG)、通货膨胀率(INF)和贸易开放度(TRADE)的数据来自世界银行的世界发展指标数据库(WDI)。另外,样本和数据来源的具体情况在第三章有详细说明,此处不再赘述。

(二)变量说明

被解释变量为企业的财务绩效,采用资产收益率(ROA)来衡量。另外,本章采用文献中常用的另一个衡量企业财务绩效的变量——股本收益率(ROE)来进行稳健性检验。

关注的解释变量为环境风险(RISK)和政府补贴(LnSUB)。环境风险(RISK)由一个综合风险指数(CR)和三个独立的成分风险指数——经济风险指数(ER)、政治风险指数(PR)和金融风险指数(FR)来衡量。根据 Zhang 等(2014)、Yu 等(2016)、Luo 等(2021a)的研究,政府补贴(LnSUB)由企业获得的政府补贴总额的对数来衡量。

另外,模型中加入了企业层面的控制变量和宏观层面的控制变量,企业层面的控制变量包括企业规模（SIZE）、企业年龄（LnAGE）、股权集中度（TOP）、杠杆比率（LEV）和员工相对比例（STAFF）。宏观层面的控制变量包括经济增长率（GDPG）、通货膨胀率（INF）和贸易开放度（TRADE）。各变量的定义与第三章中的相同，具体说明详见第三章。

二、模型设定

传统的估计方法，如普通最小二乘法，只关注被解释变量条件分布的条件均值，不能充分描述被解释变量的整个条件分布。而分位数回归可以很好地改善这一问题，该方法考虑了被解释变量的整个条件分布，可以反映整个条件分布的情况。分位数回归的另一个优点是，在存在极端值和非正态分布的情况下，其估计仍然稳健。因此，为了全面探讨环境风险和政府补贴对不同绩效水平的可再生能源企业的影响，本书采用了 Powell（2016）的分位数估计模型，表示如下：

$$Y_{it} = D'_{it}\beta(U^*_{it})\ ;\ U^*_{it} = f(\alpha_i,\ U_{it})\ ,\ U^*_{it} \sim U(0,\ 1) \tag{4-1}$$

其中，$D'_{it}\beta$ 随着分位点 τ 严格递增；D 代表处理变量；U^*_{it} 为个体固定效应和干扰项的一个未知函数；α_i 代表非加性的个体固定效应，且在模型中不会被估计出来；U_{it} 为干扰项，且 $U_{it} \sim U(0,\ 1)$。

Powell（2016）的分位数估计模型使用两步广义矩法（GMM）进行估计，使用变量的滞后项作为工具变量，且允许工具变量和非加性固定效应随机相关。和其他一些固定效应分位数回归方法相比，该分位数估计方法有以下优点：①对于时间长度较短的数据集和动态面板模型，该方法得出的估计量仍是一致的（Panagiotidis 和 Printzis，2021）。②与加性固定效应模型估计的分布 $(Y_{it} - \alpha_i)\mid D_{it}$ 相比，该方法估计的分布为 $Y_{it}\mid D_{it}$，可以更直观地反映被解释变量的分布。③该方法允许参数随着个体固定效应的变化而变化。

根据 Powell（2016）的分位数估计模型，本章建立的分位数模型如下：

$$Q_{ROA_{it}}(\tau_k\mid x_{it},\ \phi_t) = \alpha_{1\tau}ROA_{i,t-1} + \alpha_{2\tau}RISK_t + \alpha_{3\tau}LnSUB_{i,t} + \beta_{1\tau}z_{i,t} + \beta_{2\tau}y_t + \phi_t \tag{4-2}$$

$$Q_{ROA_{it}}(\tau_k\mid x_{it},\ \phi_t) = \alpha_{1\tau}ROA_{i,t-1} + \alpha_{2\tau}RISK_t + \alpha_{3\tau}RISK_t\times LnSUB_{i,t} + \\ \alpha_{4\tau}LnSUB_{i,t} + \beta_{1\tau}z_{i,t} + \beta_{2\tau}y_t + \phi_t \tag{4-3}$$

其中，$Q_{ROA_{it}}(\tau_k\mid x_{it},\ \phi_t)$ 代表在第 τ 分位点下，可再生能源企业 i 在第 t 年

的财务绩效；x_{it} 代表等式右侧的所有解释变量；$ROA_{i,t-1}$ 为 $ROA_{i,t}$ 滞后一期的值，用于考察企业财务绩效的影响是否存在持续性；$RISK_t$ 为环境风险，分别代表经济风险指数（ER）、金融风险指数（FR）、政治风险指数（PR）和综合风险指数（CR）；$LnSUB_{i,t}$ 代表政府补贴；$z_{i,t}$ 为企业层面的控制变量，包括企业规模（SIZE）、企业年龄（LnAGE）、股权集中度（TOP）、杠杆比率（LEV）和员工相对比例（STAFF）；y_t 代表宏观层面的控制变量，包括经济增长率（GD-PG）、通货膨胀率（INF）和贸易开放度（TRADE）。另外，ϕ_t 代表时间固定效应。

模型（4-2）用于探讨在不考虑政府补贴的调节作用时，环境风险和政府补贴对不同绩效水平的可再生能源企业的影响，该模型主要关注的是系数 α_2 和 α_3。为了进一步探讨政府补贴对环境风险和不同绩效水平的可再生能源企业之间关系的调节作用，本章在模型（4-3）中加入了环境风险和政府补贴的交乘项，该模型主要关注的是系数 α_3。此外，本章中的估计基于马尔可夫链蒙特卡罗优化方法。

第四节　实证结果

一、描述性统计

本章将 ROA 的数据按三分位数进行分样本处理，表4-1报告了 ROA、SUB、ER、PR、FR 和 CR 等变量在低、中和高分位点的描述性统计结果。结果显示，中国可再生能源企业的财务绩效在低、中和高分位点的均值分别为 -0.016、0.029 和 0.072，表明在不同分位点，可再生能源企业的财务绩效水平平均差异很大，较高绩效水平的可再生能源企业的平均绩效将近是中等绩效水平的可再生能源企业的2.5倍，而较低绩效水平的可再生能源企业的平均绩效甚至为负。

表 4-1　部分变量的分位数描述性统计

低分位数					
变量	均值	标准差	最大值	最小值	样本量
ROA	-0.016	0.104	0.018	-1.648	616
SUB（元）	4.64e+07	1.19e+08	1.14e+09	0.000	616
ER	40.258	0.585	41.708	38.583	616
PR	59.953	3.992	70.167	55.000	616
FR	47.251	0.588	48.000	44.667	616
CR	73.731	2.070	79.375	71.229	616
中分位数					
变量	均值	标准差	最大值	最小值	样本量
ROA	0.029	0.007	0.043	0.018	616
SUB（元）	9.53e+07	2.43e+08	2.34e+09	0.000	616
ER	40.213	0.627	41.708	38.417	616
PR	60.379	4.182	70.167	55.000	616
FR	47.274	0.671	48.000	44.667	616
CR	73.932	2.108	79.375	71.229	616
高分位数					
变量	均值	标准差	最大值	最小值	样本量
ROA	0.072	0.030	0.310	0.043	615
SUB（元）	9.34e+07	2.97e+08	2.87e+09	0.000	615
ER	40.322	0.662	41.708	38.417	615
PR	60.845	4.521	70.167	55.000	615
FR	47.351	0.664	48.000	44.667	615
CR	74.259	2.401	79.375	71.229	615

对于较高、中等和较低绩效水平（即不同水平的 ROA）的可再生能源企业，平均获得的政府补贴数额和面临的风险情况也有所不同。具体地，政府补贴（SUB）在中分位数和高分位数的平均值较大，分别为 9.53e+07 和 9.34e+07；而在低分位数的平均值最小，为 4.64e+07。说明较高和中等绩效水平的可再生能源企业平均获得更多的政府补贴，是较低绩效水平的可再生能源企业的 2 倍多，原因可能是较高绩效水平的可再生能源企业有更多的资金进行生产和研发，

进而获得更多的研发补贴。

另外，ER、PR、FR 和 CR 在高分位数的平均值最大，分别为 40.322、60.845、47.351 和 74.259，说明较高绩效水平的可再生能源企业在存续期间面临的经济、政治、金融和综合风险均较小，可能正是稳定的外部环境使这些企业获得了较高水平的绩效。通过以上分析发现，不同绩效水平的可再生能源企业具有不同的数据特征，所以可能具有不同的补贴、风险和绩效关系。

二、单位根检验

在进行回归分析之前，本章先对各变量进行单位根检验。Fisher-ADF 面板单位根检验的结果和第三章相同（见表 3-4），结果表明，所有变量都是平稳的。

三、基本回归

（一）回归结果

表 4-2 至表 4-5 报告了在不考虑政府补贴的调节作用时，环境风险对不同绩效水平的可再生能源企业影响的结果。这些结果支持了假设 4.1，即环境风险对不同绩效水平的可再生能源企业的财务绩效有不同的影响。

表 4-2 经济风险、政府补贴和 ROA 的估计结果（不考虑交乘项）

变量	0.1	0.25	0.5	0.75	0.9
ROA（−1）	0.4472 *** (0.0086)	0.4453 *** (0.0029)	0.5424 *** (0.0018)	0.4983 *** (0.0037)	0.3376 *** (0.0039)
ER	−0.0074 *** (0.0021)	−0.0013 *** (0.0002)	−0.0011 *** (0.0001)	0.0031 *** (0.0002)	0.0091 *** (0.0005)
LnSUB	0.0008 *** (0.0001)	0.0001 *** (0.0000)	0.0003 *** (0.0000)	−0.0001 *** (0.0000)	−0.0005 *** (0.0000)
SIZE	0.0035 *** (0.0003)	0.0010 *** (0.0003)	0.0008 *** (0.0001)	0.0009 *** (0.0001)	0.0024 *** (0.0001)
LnAGE	0.0169 *** (0.0024)	0.0039 *** (0.0003)	0.0049 *** (0.0003)	0.0065 *** (0.0002)	0.0104 *** (0.0003)
TOP	0.0125 *** (0.0017)	0.0045 ** (0.0020)	0.0018 *** (0.0003)	0.0066 *** (0.0006)	0.0067 *** (0.0005)

续表

变量	0.1	0.25	0.5	0.75	0.9
LEV	−0.0861***	−0.0301***	−0.0317***	−0.0426***	−0.0899***
	(0.0060)	(0.0011)	(0.0003)	(0.0006)	(0.0008)
STAFF	−2.2612***	−0.3834***	−0.3533***	−0.3399***	−0.4978***
	(0.1861)	(0.0169)	(0.0050)	(0.0124)	(0.0136)
GDPG	2.2183***	0.6707***	0.5296***	0.3892***	0.6108***
	(0.3879)	(0.0377)	(0.0061)	(0.0298)	(0.0441)
INF	−0.4435***	−0.1517***	−0.1384***	−0.0793***	−0.1390***
	(0.0491)	(0.0064)	(0.0022)	(0.0049)	(0.0062)
TRADE	−0.1859***	−0.0775***	−0.0242***	−0.0001	0.0101
	(0.0443)	(0.0078)	(0.0020)	(0.0069)	(0.0110)
个体固定效应	控制	控制	控制	控制	控制
时间固定效应	控制	控制	控制	控制	控制
样本量	1649	1649	1649	1649	1649

注：***和**分别代表1%和5%的显著性水平，括号内为标准误。

表4-3　金融风险、政府补贴和ROA的估计结果（不考虑交乘项）

变量	0.1	0.25	0.5	0.75	0.9
ROA（−1）	0.4735***	0.4401***	0.5484***	0.5493***	0.4139***
	(0.0025)	(0.0067)	(0.0008)	(0.0046)	(0.0038)
FR	0.0024***	0.0017*	0.0007***	0.0006***	0.0060***
	(0.0004)	(0.0009)	(0.0001)	(0.0001)	(0.0004)
LnSUB	0.0002***	0.0001***	0.0002***	−0.0004***	−0.0008***
	(0.0000)	(0.0000)	(0.0000)	(0.0001)	(0.0000)
SIZE	0.0018***	0.0019***	−0.0005***	−0.0007***	0.0002
	(0.0002)	(0.0000)	(0.0000)	(0.0002)	(0.0001)
LnAGE	0.0009***	0.0021***	0.0045***	0.0067***	0.0070***
	(0.0003)	(0.0005)	(0.0001)	(0.0003)	(0.0004)
TOP	0.0114***	−0.0024***	0.0078***	0.0111***	0.0067***
	(0.0006)	(0.0008)	(0.0002)	(0.0007)	(0.0006)
LEV	−0.0581***	−0.0319***	−0.0281***	−0.0370***	−0.0681***
	(0.0010)	(0.0006)	(0.0002)	(0.0011)	(0.0010)
STAFF	−1.7192***	−0.3813***	−0.4727***	−0.3748***	−0.4194***
	(0.0252)	(0.0063)	(0.0029)	(0.0071)	(0.0218)

续表

变量	0.1	0.25	0.5	0.75	0.9
GDPG	0.2635***	0.4516***	0.2234***	0.4652***	0.4653***
	(0.0295)	(0.0165)	(0.0046)	(0.0194)	(0.0378)
INF	-0.3087***	-0.0906***	-0.1236***	-0.1799***	-0.0221***
	(0.0050)	(0.0220)	(0.0011)	(0.0093)	(0.0064)
TRADE	0.0881***	-0.0599***	0.0360***	0.0001	-0.0417***
	(0.0084)	(0.0077)	(0.0010)	(0.0053)	(0.0108)
个体固定效应	控制	控制	控制	控制	控制
时间固定效应	控制	控制	控制	控制	控制
样本量	1649	1649	1649	1649	1649

注：***和*分别代表1%和10%的显著性水平，括号内为标准误。

表4-4　政治风险、政府补贴和 ROA 的估计结果（不考虑交乘项）

变量	0.1	0.25	0.5	0.75	0.9
ROA（-1）	0.4108***	0.4549***	0.5393***	0.4872***	0.3973***
	(0.0018)	(0.0020)	(0.0011)	(0.0012)	(0.0014)
PR	-0.0015***	0.0007***	0.0002***	0.0005***	0.0013***
	(0.0001)	(0.0002)	(0.0000)	(0.0000)	(0.0000)
LnSUB	0.0002***	0.0001***	0.0002***	-0.0001***	-0.0002***
	(0.0000)	(0.0000)	(0.0000)	(0.0000)	(0.0000)
SIZE	0.0031***	0.0010***	0.0002***	0.0012***	0.00004
	(0.0002)	(0.0002)	(0.0001)	(0.0000)	(0.0001)
LnAGE	0.0103***	0.0027***	0.0040***	0.0063***	0.0054***
	(0.0009)	(0.0002)	(0.0001)	(0.0001)	(0.0001)
TOP	0.0061***	0.0039***	0.0048***	0.0049***	-0.0010
	(0.0009)	(0.0011)	(0.0008)	(0.0002)	(0.0006)
LEV	-0.0599***	-0.0286***	-0.0297***	-0.0451***	-0.0751***
	(0.0003)	(0.0007)	(0.0003)	(0.0001)	(0.0002)
STAFF	-1.7505***	-0.3871***	-0.3621***	-0.4503***	-0.5200***
	(0.0291)	(0.0073)	(0.0093)	(0.0031)	(0.0049)
GDPG	1.2342***	0.3796***	0.4410***	0.5230***	0.4895***
	(0.0740)	(0.0346)	(0.0311)	(0.0176)	(0.0163)
INF	-0.3484***	-0.1409***	-0.0914***	-0.1561***	-0.1192***
	(0.0187)	(0.0060)	(0.0035)	(0.0021)	(0.0020)

续表

变量	0.1	0.25	0.5	0.75	0.9
TRADE	−0.0334***	−0.0515***	−0.0299***	−0.0365***	−0.0592***
	(0.0063)	(0.0059)	(0.0058)	(0.0041)	(0.0027)
个体固定效应	控制	控制	控制	控制	控制
时间固定效应	控制	控制	控制	控制	控制
样本量	1649	1649	1649	1649	1649

注：***代表1%的显著性水平，括号内为标准误。

表4-5 综合风险、政府补贴和 ROA 的估计结果（不考虑交乘项）

变量	0.1	0.25	0.5	0.75	0.9
ROA（−1）	0.4160***	0.4499***	0.5455***	0.4938***	0.3937***
	(0.0001)	(0.0024)	(0.0018)	(0.0039)	(0.0035)
CR	−0.0026***	0.0011**	0.0011***	0.0018***	0.0042***
	(0.0000)	(0.0004)	(0.0001)	(0.0001)	(0.0003)
LnSUB	0.0002***	0.0001***	0.0003***	−0.0001***	−0.0004***
	(0.0000)	(0.0000)	(0.0000)	(0.0000)	(0.0000)
SIZE	0.0034***	0.0007***	0.0002***	0.0005***	0.0002**
	(0.0000)	(0.0002)	(0.0000)	(0.0001)	(0.0001)
LnAGE	0.0069***	0.0030***	0.0035***	0.0066***	0.0065***
	(0.0000)	(0.0002)	(0.0001)	(0.0001)	(0.0002)
TOP	0.0051***	0.0058***	0.0068***	0.0063***	0.0027***
	(0.0000)	(0.0020)	(0.0002)	(0.0016)	(0.0004)
LEV	−0.0608***	−0.0272***	−0.0304***	−0.0437***	−0.0764***
	(0.0000)	(0.0010)	(0.0003)	(0.0005)	(0.0007)
STAFF	−1.6919***	−0.4242***	−0.3780***	−0.4219***	−0.5126***
	(0.0007)	(0.0114)	(0.0047)	(0.0082)	(0.0154)
GDPG	1.1544***	0.3592***	0.1585***	0.4709***	0.1853***
	(0.0004)	(0.0361)	(0.0109)	(0.0370)	(0.0126)
INF	−0.3071***	−0.1865***	−0.1291***	−0.1387***	−0.0327
	(0.0002)	(0.0182)	(0.0066)	(0.0176)	(0.0253)
TRADE	−0.0383***	−0.0165***	0.0220***	−0.0428***	−0.0511***
	(0.0000)	(0.0061)	(0.0015)	(0.0067)	(0.0113)
个体固定效应	控制	控制	控制	控制	控制
时间固定效应	控制	控制	控制	控制	控制
样本量	1649	1649	1649	1649	1649

注：***和**分别代表1%和5%的显著性水平，括号内为标准误。

表4-2的结果表明经济风险指数的系数在 0.1~0.5 分位点为负值，在 0.75 分位点和 0.9 分位点为正值，说明稳定的经济环境可以促进绩效水平较高的可再生能源企业的财务绩效，但对绩效水平较低的可再生能源企业的财务绩效作用不明显。表4-3的结果表明金融风险指数的系数在各分位点都为正值，且在 0.1 和 0.9 分位点数值相对较大，说明稳定的金融环境对绩效最好和绩效最差的可再生能源企业的财务绩效都有利。表4-4 和表4-5 的结果表明除 0.1 分位点外，政治风险指数和综合风险指数在其他分位点的系数都为正值，说明即使在稳定的政治环境和综合环境下，绩效最差的可再生能源企业的财务绩效也很难得到提高。

此外，表4-2 至表4-5 的估计结果均表明，政府补贴的系数在 0.1~0.5 分位点为正值，在 0.75 分位点和 0.9 分位点为负值，该结果支持了假设4.2，即政府补贴对绩效水平较低的可再生能源企业的财务绩效具有正向影响，而对绩效水平较高的可再生能源企业的财务绩效影响不显著，进一步表明绩效水平较低的可再生能源企业可以有效率地使用政府补贴来提高企业的财务绩效。

表4-2 到表4-5 关于控制变量的估计结果表明，企业规模（SIZE）、企业年龄（LnAGE）、股权集中度（TOP）和经济增长率（GDPG）对不同绩效水平的可再生能源企业都有正向影响，且对绩效最差的可再生能源企业财务绩效的正向影响更大。杠杆比率（LEV）、员工相对比例（STAFF）、通货膨胀率（INF）和贸易开放度（TRADE）对不同绩效水平的可再生能源企业有负向影响。

表4-6 和表4-7 报告了政府补贴对环境风险和不同绩效水平的可再生能源企业财务绩效之间关系的调节作用的结果，结果支持了假设4.3，即政府补贴对环境风险和不同绩效水平的可再生能源企业财务绩效之间的关系具有不同的调节作用。

表4-6　政府补贴对经济、金融风险和 ROA 关系调节作用的结果

变量	0.1	0.25	0.5	0.75	0.9
ROA（-1）	0.4272*** (0.0002)	0.4412*** (0.0000)	0.5367*** (0.0001)	0.4932*** (0.0000)	0.3752*** (0.0014)
ER （经济风险）	-0.0056*** (0.0000)	-0.0030*** (0.0000)	-0.0032*** (0.0001)	-0.0030*** (0.0000)	0.0027*** (0.0002)

续表

变量	0.1	0.25	0.5	0.75	0.9
ER×LnSUB	0.0003*** (0.0000)	0.0002*** (0.0000)	0.0002*** (0.0000)	0.0004*** (0.0000)	0.0003*** (0.0000)
LnSUB	−0.0119*** (0.0000)	−0.0070*** (0.0000)	−0.0074*** (0.0001)	−0.0170*** (0.0000)	−0.0131*** (0.0006)
控制变量	控制	控制	控制	控制	控制
个体固定效应	控制	控制	控制	控制	控制
时间固定效应	控制	控制	控制	控制	控制
样本量	1649	1649	1649	1649	1649
变量	0.1	0.25	0.5	0.75	0.9
ROA（−1）	0.4263*** (0.0013)	0.4378*** (0.0000)	0.5355*** (0.0001)	0.5161*** (0.0000)	0.4596*** (0.0017)
FR（金融风险）	0.0080*** (0.0005)	−0.0032*** (0.0000)	−0.0022*** (0.0000)	−0.0029*** (0.0000)	0.0068*** (0.0002)
FR×LnSUB	−0.0007*** (0.0000)	0.0002*** (0.0000)	0.0002*** (0.0000)	0.0002*** (0.0000)	−0.0004*** (0.0000)
LnSUB	0.0341*** (0.0011)	−0.0081*** (0.0000)	−0.0089*** (0.0000)	−0.0085*** (0.0000)	0.0192*** (0.0005)
控制变量	控制	控制	控制	控制	控制
个体固定效应	控制	控制	控制	控制	控制
时间固定效应	控制	控制	控制	控制	控制
样本量	1649	1649	1649	1649	1649

注：***代表1%的显著性水平，括号内为标准误。企业层控制变量包括 SIZE、LnAGE、TOP、LEV、STAFF、GDPG、INF 和 TRADE，它们的估计结果与前文一致，为使表格简化，此处未报告其结果。

表4-7 政府补贴对政治、综合风险和 ROA 关系调节作用的结果

变量	0.1	0.25	0.5	0.75	0.9
ROA（−1）	0.4360*** (0.0015)	0.4135*** (0.0007)	0.5398*** (0.0008)	0.4763*** (0.0017)	0.3570*** (0.0006)
PR（政治风险）	−0.0002*** (0.0000)	0.0014*** (0.0000)	0.0010*** (0.0000)	0.0030*** (0.0001)	0.0049*** (0.0000)
PR×LnSUB	−0.0001*** (0.0000)	−0.0001*** (0.0000)	−0.00003*** (0.0000)	−0.0001*** (0.0000)	−0.0002*** (0.0000)

·93·

续表

变量	0.1	0.25	0.5	0.75	0.9
LnSUB	0.0065 *** （0.0001）	0.0079 *** （0.0001）	0.0023 *** （0.0001）	0.0094 *** （0.0002）	0.0133 *** （0.0001）
控制变量	控制	控制	控制	控制	控制
个体固定效应	控制	控制	控制	控制	控制
时间固定效应	控制	控制	控制	控制	控制
样本量	1649	1649	1649	1649	1649
变量	0.1	0.25	0.5	0.75	0.9
ROA （−1）	0.4599 *** （0.0030）	0.4305 *** （0.0015）	0.5296 *** （0.0009）	0.4496 *** （0.0012）	0.3919 *** （0.0005）
CR （综合风险）	0.0003 *** （0.0001）	0.0040 *** （0.0001）	0.0007 *** （0.0000）	0.0068 *** （0.0001）	0.0115 *** （0.0001）
CR×LnSUB	−0.0003 *** （0.0000）	−0.0003 *** （0.0000）	−0.00002 *** （0.0000）	−0.0003 *** （0.0000）	−0.0005 *** （0.0000）
LnSUB	0.0203 *** （0.0006）	0.0211 *** （0.0003）	0.0014 *** （0.0002）	0.0232 *** （0.0001）	0.0367 *** （0.0002）
控制变量	控制	控制	控制	控制	控制
个体固定效应	控制	控制	控制	控制	控制
时间固定效应	控制	控制	控制	控制	控制
样本量	1649	1649	1649	1649	1649

注：***代表1%的显著性水平，括号内为标准误。企业层控制变量包括 SIZE、LnAGE、TOP、LEV、STAFF、GDPG、INF 和 TRADE，它们的估计结果与前文一致，为使表格简化，此处未报告其结果。

表4-6 中的结果显示，政府补贴在各分位点都对经济风险指数和可再生能源企业财务绩效之间的关系具有正向调节作用，且这一正向调节作用在 0.75 和 0.9 分位点相对较大。这说明随着政府补贴的增加，经济波动对可再生能源企业财务绩效的负向影响会减小，特别对绩效水平较高的可再生能源企业财务绩效的负向影响减少更多。政府补贴在 0.25~0.75 分位点对金融风险指数和可再生能源企业财务绩效之间的关系也具有正向调节作用，说明在稳定的金融环境下，政府补贴的增加可以促进可再生能源企业财务绩效的提高。

表4-7 中的结果显示，政府补贴在各分位点对政治风险指数和可再生能源企业财务绩效及综合风险指数和可再生能源企业财务绩效之间的关系的调节作用有

所不同。

（二）进一步讨论

表4-2至表4-5的估计结果表明环境风险对不同绩效水平的可再生能源企业有不同的影响。总体上，稳定的综合环境会促进不同绩效水平的可再生能源企业财务绩效提高。

具体而言，更稳定的经济环境可以促进绩效水平较高的可再生能源企业财务绩效的提高，但会抑制绩效水平较低的可再生能源企业财务绩效的提高。这表明绩效水平较低的可再生能源企业由于其经营能力较差、竞争力较低，即使在稳定的经济环境中，其财务绩效也很难得到提高。相比之下，更稳定的金融环境可以促进不同绩效水平的可再生能源企业财务绩效的提高，特别对绩效水平最高和最低的可再生能源企业财务绩效的促进作用更大。这表明在更稳定的金融环境下，绩效最差的可再生能源企业可能会受益更多；绩效最差的可再生能源企业由于其财务实力较差，更容易受金融环境波动的影响；稳定的金融环境有助于绩效最差的可再生能源企业进行国际贸易，进而改善财务绩效（Fafchamps 和 Schündeln，2013）。绩效最好的可再生能源企业也可以利用稳定的金融环境，扩展进出口贸易活动，大幅提高其财务绩效。更稳定的政治环境也有利于不同绩效水平的可再生能源企业的财务绩效，但绩效最差的可再生能源企业除外，这一结果与 Belaïd 等（2021）、Guo 等（2021）的研究结果基本一致。在更稳定的政治环境下，绩效最差的可再生能源企业通过寻租活动获取的收益可能更少，因此，随着政治风险的降低，它们的财务绩效也会下降。

政府补贴的估计结果表明，补贴会改善绩效较低的可再生能源企业的财务绩效。对于绩效较低的可再生能源企业来说，更多的政府补贴可以缓解其融资约束，促进其研发和生产，进而提高企业的财务绩效。

在表4-6和表4-7中，政府补贴的调节作用的结果表明，政府补贴可以缓解经济波动对不同绩效水平的可再生能源企业财务绩效的负面影响，且绩效较高的可再生能源企业可以更好地利用补贴来应对经济风险。此外，政府补贴在各分位点对综合风险和企业绩效关系的调节作用表明，总体而言，政府补贴作为政府干预经济的一种形式，可能会对不同绩效水平的可再生能源企业的财务绩效产生不同的影响，尤其是对绩效最好的可再生能源企业的影响更大（Francis 等，2009）。

（三）稳健性检验

本章通过更换企业财务绩效的测量方式来进行稳健性检验，采用已有文献中常用的另一个衡量企业财务绩效的变量——股本收益率（ROE）作为替代指标。表4-8和表4-9报告了在不考虑政府补贴的调节作用时，环境风险对不同绩效水平的可再生能源企业影响的结果。表4-10和表4-11报告了政府补贴对环境风险和不同绩效水平的可再生能源企业之间关系的调节作用的结果。表4-8至表4-11表明，各变量的估计结果和以ROA为被解释变量时的估计结果基本一致，证明前文的估计结果是稳健的。

表4-8 经济、金融风险和 ROE 的估计结果（不考虑交乘项）

变量	0.1	0.25	0.5	0.75	0.9
ROE（-1）	0.1816 *** (0.0002)	0.1956 *** (0.0002)	0.1265 *** (0.0006)	0.0147 *** (0.0019)	0.0084 *** (0.0010)
ER（经济风险）	-0.0029 *** (0.0008)	-0.0030 * (0.0016)	-0.0027 *** (0.0003)	0.0119 *** (0.0006)	0.0192 *** (0.0009)
LnSUB	0.0015 *** (0.0001)	0.0007 *** (0.0001)	0.0010 *** (0.0000)	-0.0004 *** (0.0002)	-0.0029 *** (0.0002)
控制变量	控制	控制	控制	控制	控制
个体固定效应	控制	控制	控制	控制	控制
时间固定效应	控制	控制	控制	控制	控制
样本量	1649	1649	1649	1649	1649
变量	0.1	0.25	0.5	0.75	0.9
ROE（-1）	0.1755 *** (0.0007)	0.1959 *** (0.0003)	0.1187 *** (0.0003)	0.0104 *** (0.0012)	0.0064 *** (0.0001)
FR（金融风险）	0.0100 *** (0.0021)	0.0007 *** (0.0002)	0.0025 ** (0.0010)	0.0075 *** (0.0019)	-0.0077 *** (0.0001)
LnSUB	0.0029 *** (0.0002)	0.0004 *** (0.0001)	0.0006 *** (0.0001)	0.0013 *** (0.0001)	-0.0011 *** (0.0000)
控制变量	控制	控制	控制	控制	控制
个体固定效应	控制	控制	控制	控制	控制
时间固定效应	控制	控制	控制	控制	控制
样本量	1649	1649	1649	1649	1649

注：***、**和*分别代表1%、5%和10%的显著性水平，括号内为标准误。企业层控制变量包括 SIZE、LnAGE、TOP、LEV、STAFF、GDPG、INF 和 TRADE，它们的估计结果与前文一致，为使表格简化，此处未报告其结果。

表4-9　政治、综合风险和ROE的估计结果（不考虑交乘项）

变量	0.1	0.25	0.5	0.75	0.9
ROE（-1）	0.1768*** (0.0009)	0.2002*** (0.0035)	0.1214*** (0.0002)	0.0112*** (0.0009)	0.0072*** (0.0013)
PR（政治风险）	-0.0019*** (0.0004)	0.0060** (0.0027)	0.0017*** (0.0001)	0.0025*** (0.0004)	0.0033*** (0.0006)
LnSUB	0.0018*** (0.0002)	0.0004** (0.0002)	0.0009*** (0.0000)	0.0012*** (0.0001)	-0.0004** (0.0002)
控制变量	控制	控制	控制	控制	控制
个体固定效应	控制	控制	控制	控制	控制
时间固定效应	控制	控制	控制	控制	控制
样本量	1649	1649	1649	1649	1649
变量	0.1	0.25	0.5	0.75	0.9
ROE（-1）	0.1807*** (0.0000)	0.1874*** (0.0003)	0.1224*** (0.0009)	0.0094*** (0.0003)	0.0066*** (0.0019)
CR（综合风险）	-0.0090*** (0.0001)	0.0036*** (0.0004)	0.0037*** (0.0002)	0.0013*** (0.0001)	0.0100*** (0.0011)
LnSUB	0.0021*** (0.0000)	-0.0001*** (0.0000)	0.0006*** (0.0000)	-0.0010*** (0.0001)	-0.0025*** (0.0003)
控制变量	控制	控制	控制	控制	控制
个体固定效应	控制	控制	控制	控制	控制
时间固定效应	控制	控制	控制	控制	控制
样本量	1649	1649	1649	1649	1649

注：***和**分别代表1%和5%的显著性水平，括号内为标准误。企业层控制变量包括SIZE、LnAGE、TOP、LEV、STAFF、GDPG、INF和TRADE，它们的估计结果与前文一致，为使表格简化，此处未报告其结果。

表4-10　政府补贴对经济、金融风险和ROE关系调节作用的结果

变量	0.1	0.25	0.5	0.75	0.9
ROE（-1）	0.1832*** (0.0003)	0.1868*** (0.0001)	0.1217*** (0.0000)	0.0102*** (0.0001)	0.0036 (0.0000)
ER（经济风险）	-0.0248*** (0.0019)	-0.0107*** (0.0002)	-0.0118*** (0.0000)	-0.0122*** (0.0001)	-0.0214 (0.0000)

续表

变量	0.1	0.25	0.5	0.75	0.9
ER×LnSUB	0.0005***	0.0007***	0.0009***	0.0017***	0.0025
	(0.0000)	(0.0000)	(0.0000)	(0.0000)	(0.0000)
LnSUB	-0.0203***	-0.0275***	-0.0367***	-0.0675***	-0.1005
	(0.0018)	(0.0004)	(0.0001)	(0.0004)	(0.0001)
控制变量	控制	控制	控制	控制	控制
个体固定效应	控制	控制	控制	控制	控制
时间固定效应	控制	控制	控制	控制	控制
样本量	1649	1649	1649	1649	1649
变量	0.1	0.25	0.5	0.75	0.9
ROE (-1)	0.1824***	0.1864***	0.1263***	0.0092***	0.0113***
	(0.0015)	(0.0000)	(0.0000)	(0.0000)	(0.0009)
FR（金融风险）	0.0116***	-0.0111***	-0.0146***	-0.0088***	0.0040*
	(0.0024)	(0.0000)	(0.0000)	(0.0000)	(0.0023)
FR×LnSUB	-0.0006***	0.0007***	0.0010***	0.0008***	-0.0005***
	(0.0002)	(0.0000)	(0.0000)	(0.0000)	(0.0001)
LnSUB	0.0253***	-0.0355***	-0.0466***	-0.0367***	0.0238***
	(0.0067)	(0.0002)	(0.0000)	(0.0000)	(0.0064)
控制变量	控制	控制	控制	控制	控制
个体固定效应	控制	控制	控制	控制	控制
时间固定效应	控制	控制	控制	控制	控制
样本量	1649	1649	1649	1649	1649

注：***和*分别代表1%和10%的显著性水平，括号内为标准误。企业层控制变量包括 SIZE、LnAGE、TOP、LEV、STAFF、GDPG、INF 和 TRADE，它们的估计结果与前文一致，为使表格简化，此处未报告其结果。

表4-11　政府补贴对政治、综合风险和 ROE 关系调节作用的结果

变量	0.1	0.25	0.5	0.75	0.9
ROE (-1)	0.1781***	0.1837***	0.1163***	0.0129***	0.0053***
	(0.0002)	(0.0003)	(0.0001)	(0.0001)	(0.0005)
PR（政治风险）	-0.0029***	0.0038***	0.0026***	0.0083***	0.0157***
	(0.0004)	(0.0002)	(0.0001)	(0.0001)	(0.0003)
PR×LnSUB	-0.0002***	-0.0003***	-0.0001***	-0.0005***	-0.0008***
	(0.0000)	(0.0000)	(0.0000)	(0.0000)	(0.0000)

续表

变量	0.1	0.25	0.5	0.75	0.9
LnSUB	0.0121*** (0.0008)	0.0173*** (0.0005)	0.0084*** (0.0002)	0.0320*** (0.0002)	0.0514*** (0.0009)
控制变量	控制	控制	控制	控制	控制
个体固定效应	控制	控制	控制	控制	控制
时间固定效应	控制	控制	控制	控制	控制
样本量	1649	1649	1649	1649	1649
变量	0.1	0.25	0.5	0.75	0.9
ROE（−1）	0.1804*** (0.0001)	0.1864*** (0.0002)	0.1210*** (0.0000)	0.0107*** (0.0002)	0.0055*** (0.0003)
CR（综合风险）	0.0021*** (0.0004)	0.0067*** (0.0005)	0.0056*** (0.0000)	0.0188*** (0.0001)	0.0358*** (0.0003)
CR×LnSUB	−0.0005*** (0.0000)	−0.0003*** (0.0000)	−0.0002*** (0.0000)	−0.0009*** (0.0000)	−0.0018*** (0.0000)
LnSUB	0.0419*** (0.0020)	0.0255*** (0.0011)	0.0139*** (0.0000)	0.0699*** (0.0003)	0.1331*** (0.0008)
控制变量	控制	控制	控制	控制	控制
个体固定效应	控制	控制	控制	控制	控制
时间固定效应	控制	控制	控制	控制	控制
样本量	1649	1649	1649	1649	1649

注：***代表1%的显著性水平，括号内为标准误。企业层控制变量包括 SIZE、LnAGE、TOP、LEV、STAFF、GDPG、INF 和 TRADE，它们的估计结果与前文一致，为使表格简化，此处未报告其结果。

四、异质性分析

　　具有不同所有权属性的可再生能源企业获得的补贴金额不同，并具有不同的企业特征和应对外部风险的能力（见表4-1），这可能会影响风险、补贴和绩效的关系。为进一步探究环境风险和政府补贴在各分位点对不同所有权性质的可再生能源企业财务绩效的不同影响，本章将全样本分为国有可再生能源企业样本和民营可再生能源企业样本。表4-12至表4-15报告了在不同分位点，政府补贴对环境风险和国有（民营）可再生能源企业财务绩效之间关系调节作用的估计结果，该结果表明，政府补贴、环境风险与不同绩效水平的可再生能源企业财务绩效之间的关系因企业所有权属性的不同而不同。

表 4-12　国有和民营企业中政府补贴对经济风险和 ROA 关系调节作用的结果

		国有可再生能源企业			
变量	0.1	0.25	0.5	0.75	0.9
ROA（−1）	0.3545 ***	0.4092 ***	0.4787 ***	0.4443 ***	0.2534 ***
	（0.0014）	（0.0323）	（0.0011）	（0.0024）	（0.0037）
ER	0.0013 ***	0.0136 ***	0.0006 ***	0.0046 ***	0.0062 ***
	（0.0004）	（0.0026）	（0.0001）	（0.0001）	（0.0003）
ER×LnSUB	−0.0003 ***	−0.0013 ***	−0.0001 ***	−0.0003 ***	−0.0002 ***
	（0.0000）	（0.0002）	（0.0000）	（0.0000）	（0.0000）
LnSUB	0.0099 ***	0.0499 ***	0.0040 ***	0.0109 ***	0.0065 ***
	（0.0007）	（0.0079）	（0.0004）	（0.0003）	（0.0008）
控制变量	控制	控制	控制	控制	控制
个体固定效应	控制	控制	控制	控制	控制
时间固定效应	控制	控制	控制	控制	控制
样本量	771	771	771	771	771
		民营可再生能源企业			
变量	0.1	0.25	0.5	0.75	0.9
ROA（−1）	0.4668 ***	0.4190 ***	0.5179 ***	0.4899 ***	0.4991 ***
	（0.0148）	（0.0007）	（0.0017）	（0.0002）	（0.0013）
ER	0.0772 ***	−0.0069 ***	−0.0018 ***	−0.0038 ***	0.0556 ***
	（0.0182）	（0.0003）	（0.0006）	（0.0006）	（0.0014）
ER×LnSUB	−0.0041 ***	0.0006 ***	0.0003 ***	0.0006 ***	−0.0030 ***
	（0.0010）	（0.0000）	（0.0000）	（0.0000）	（0.0001）
LnSUB	0.1685 ***	−0.0224 ***	−0.0128 ***	−0.0230 ***	0.1246 ***
	（0.0429）	（0.0006）	（0.0009）	（0.0013）	（0.0034）
控制变量	控制	控制	控制	控制	控制
个体固定效应	控制	控制	控制	控制	控制
时间固定效应	控制	控制	控制	控制	控制
样本量	878	878	878	878	878

注：***代表1%的显著性水平，括号内为标准误。企业层控制变量包括 SIZE、LnAGE、TOP、LEV、STAFF、GDPG、INF 和 TRADE，它们的估计结果与前文一致，为使表格简化，此处未报告其结果。

表 4-12 中的结果显示，政府补贴在各分位点对经济风险指数和国有可再生能源企业财务绩效之间关系的调节作用不显著；政府补贴在 0.25～0.75 分位点

对经济风险指数和民营可再生能源企业财务绩效之间的关系具有正向调节作用。这表明在政府补贴在 0.25～0.75 分位点对民营可再生能源企业财务绩效有明显的促进作用（Li 等，2009）。

表 4-13　国有和民营企业中政府补贴对政治风险和 ROA 关系调节作用的结果

国有可再生能源企业					
变量	0.1	0.25	0.5	0.75	0.9
ROA（-1）	0.4323***	0.4189***	0.5226***	0.4454***	0.2916***
	(0.0039)	(0.0024)	(0.0008)	(0.0033)	(0.0044)
PR	0.0018**	0.0007***	0.0020***	0.0023***	0.0032***
	(0.0007)	(0.0001)	(0.0000)	(0.0001)	(0.0001)
PR×LnSUB	-0.0002***	-0.0001***	-0.0001***	-0.0001***	-0.0001***
	(0.0000)	(0.0000)	(0.0000)	(0.0000)	(0.0000)
LnSUB	0.0123***	0.0036***	0.0048***	0.0071***	0.0083***
	(0.0009)	(0.0001)	(0.0001)	(0.0004)	(0.0002)
控制变量	控制	控制	控制	控制	控制
个体固定效应	控制	控制	控制	控制	控制
时间固定效应	控制	控制	控制	控制	控制
样本量	771	771	771	771	771
民营可再生能源企业					
变量	0.1	0.25	0.5	0.75	0.9
ROA（-1）	0.4843***	0.3752***	0.5280***	0.5090***	0.5132***
	(0.0030)	(0.0075)	(0.0024)	(0.0019)	(0.0015)
PR	0.0022***	0.0007**	0.0030***	0.0019***	0.0026***
	(0.0005)	(0.0003)	(0.0001)	(0.0006)	(0.0001)
PR×LnSUB	-0.0003***	-0.00004*	-0.0002***	-0.0001***	-0.0001***
	(0.0000)	(0.0000)	(0.0000)	(0.0000)	(0.0000)
LnSUB	0.0242***	0.0027**	0.0118***	0.0077***	0.0047***
	(0.0013)	(0.0013)	(0.0002)	(0.0021)	(0.0005)
控制变量	控制	控制	控制	控制	控制
个体固定效应	控制	控制	控制	控制	控制
时间固定效应	控制	控制	控制	控制	控制
样本量	878	878	878	878	878

　　注：***、**和*分别代表 1%、5% 和 10% 的显著性水平，括号内为标准误。企业层控制变量包括 SIZE、LnAGE、TOP、LEV、STAFF、GDPG、INF 和 TRADE，它们的估计结果与前文一致，为使表格简化，此处未报告其结果。

表4-13中的结果显示，政府补贴在各分位点对政治风险指数和国有可再生能源企业财务绩效之间的关系，及对政治风险指数和民营可再生能源企业财务绩效之间的关系的调节作用均不显著。因此，在更稳定的政治环境中，随着政府补贴的增加，绩效最差的民营可再生能源企业如果存在寻租行为，其财务绩效就会下降更多（Du 和 Mickiewicz，2016）。

表4-14　国有和民营企业中政府补贴对金融风险和 ROA 关系调节作用的结果

国有可再生能源企业				
变量	0.1	0.25	0.5	0.75	0.9
ROA（-1）	0.3672***	0.4297***	0.4719***	0.4543***	0.2552***
	(0.0019)	(0.0000)	(0.0000)	(0.0001)	(0.0015)
FR	0.0066***	-0.0021***	-0.0020***	-0.0013***	-0.0020**
	(0.0004)	(0.0000)	(0.0000)	(0.0000)	(0.0008)
FR×LnSUB	-0.0004***	0.0001***	0.0002***	0.0002***	0.0002***
	(0.0000)	(0.0000)	(0.0000)	(0.0000)	(0.0000)
LnSUB	0.0186***	-0.0065***	-0.0081***	-0.0094***	-0.0097***
	(0.0010)	(0.0000)	(0.0000)	(0.0000)	(0.0021)
控制变量	控制	控制	控制	控制	控制
个体固定效应	控制	控制	控制	控制	控制
时间固定效应	控制	控制	控制	控制	控制
样本量	771	771	771	771	771
民营可再生能源企业				
变量	0.1	0.25	0.5	0.75	0.9
ROA（-1）	0.5583***	0.4087***	0.4867***	0.5280***	0.6188***
	(0.0239)	(0.0000)	(0.0036)	(0.0001)	(0.0046)
FR	0.0254***	-0.0051***	-0.0124***	-0.0045***	0.0295***
	(0.0073)	(0.0000)	(0.0019)	(0.0001)	(0.0005)
FR×LnSUB	-0.0018***	0.0003***	0.0008***	0.0001***	-0.0027***
	(0.0004)	(0.0000)	(0.0001)	(0.0000)	(0.0000)
LnSUB	0.0901***	-0.0140***	-0.0362***	-0.0046***	0.1264***
	(0.0193)	(0.0000)	(0.0047)	(0.0003)	(0.0016)
控制变量	控制	控制	控制	控制	控制
个体固定效应	控制	控制	控制	控制	控制
时间固定效应	控制	控制	控制	控制	控制
样本量	878	878	878	878	878

注：***和**分别代表1%和5%的显著性水平，括号内为标准误。企业层控制变量包括 SIZE、LnAGE、TOP、LEV、STAFF、GDPG、INF 和 TRADE，它们的估计结果与前文一致，为使表格简化，此处未报告其结果。

表4-14中的结果显示，在0.9分位点，政府补贴对金融风险指数和绩效最好的国有可再生能源企业财务绩效之间的关系具有正向调节作用。这表明，在更稳定的金融环境中，绩效最好的国有可再生能源企业可以充分利用政府补贴带来的资金进行投资和生产，提高企业的财务绩效。

表4-15　国有和民营企业中政府补贴对综合风险和 ROA 关系调节作用的结果

国有可再生能源企业					
变量	0.1	0.25	0.5	0.75	0.9
ROA（-1）	0.3430 *** (0.0014)	0.4225 *** (0.0052)	0.5161 *** (0.0031)	0.4572 *** (0.0033)	0.1717 *** (0.0095)
CR	-0.0026 *** (0.0000)	0.0044 *** (0.0009)	0.0023 *** (0.0001)	0.0057 *** (0.0003)	0.0046 *** (0.0011)
CR×LnSUB	0.00003 *** (0.0000)	-0.0002 *** (0.0000)	-0.00004 *** (0.0000)	-0.0002 *** (0.0000)	-0.0003 *** (0.0000)
LnSUB	-0.0027 *** (0.0001)	0.0188 *** (0.0035)	0.0028 *** (0.0004)	0.0162 *** (0.0003)	0.0217 *** (0.0016)
控制变量	控制	控制	控制	控制	控制
个体固定效应	控制	控制	控制	控制	控制
时间固定效应	控制	控制	控制	控制	控制
样本量	771	771	771	771	771
民营可再生能源企业					
变量	0.1	0.25	0.5	0.75	0.9
ROA（-1）	0.5081 *** (0.0078)	0.4302 *** (0.0029)	0.5445 *** (0.0037)	0.4970 *** (0.0017)	0.6745 *** (0.0035)
CR	0.0111 *** (0.0008)	0.0084 *** (0.0010)	0.0061 *** (0.0007)	0.0038 *** (0.0005)	0.0100 *** (0.0003)
CR×LnSUB	-0.0010 *** (0.0000)	-0.0004 *** (0.0000)	-0.0003 *** (0.0000)	-0.0002 *** (0.0000)	-0.0003 *** (0.0000)
LnSUB	0.0753 *** (0.0034)	0.0310 *** (0.0033)	0.0260 *** (0.0031)	0.0136 *** (0.0020)	0.0209 *** (0.0014)
控制变量	控制	控制	控制	控制	控制
个体固定效应	控制	控制	控制	控制	控制
时间固定效应	控制	控制	控制	控制	控制
样本量	878	878	878	878	878

注：＊＊＊代表1%的显著性水平，括号内为标准误。企业层控制变量包括 SIZE、LnAGE、TOP、LEV、STAFF、GDPG、INF 和 TRADE，它们的估计结果与前文一致，为使表格简化，此处未报告其结果。

表4-15 中的结果显示，政府补贴在各分位点对综合风险指数和国有可再生能源企业财务绩效之间的关系，及对综合风险指数和民营可再生能源企业财务绩效之间的关系的调节作用不显著。

另外，为检验异质性分析结果的稳健性，本章将企业财务绩效的测量方式更换为以股本收益率（ROE）来衡量。表4-16 至表4-19 报告了在模型中加入环境风险和政府补贴的交乘项时，国有和民营可再生能源企业 ROE 的估计结果。各变量的估计结果和以 ROA 为被解释变量时的估计结果基本一致，证明前文的估计结果是稳健的。

表4-16　国有和民营企业中政府补贴对经济风险和 ROE 关系调节作用的结果

国有可再生能源企业				
变量	0.1	0.25	0.5	0.75	0.9
ROE （-1）	-0.0051 *** (0.0000)	0.0018 *** (0.0000)	0.0039 *** (0.0001)	0.0041 *** (0.0000)	0.0142 *** (0.0003)
ER	0.0063 *** (0.0000)	-0.0133 *** (0.0000)	-0.0183 *** (0.0002)	-0.0219 *** (0.0000)	-0.0188 *** (0.0009)
ER×LnSUB	-0.0006 *** (0.0000)	0.0007 *** (0.0000)	0.0006 *** (0.0000)	0.0013 *** (0.0000)	0.0004 *** (0.0000)
LnSUB	0.0234 *** (0.0001)	-0.0286 *** (0.0001)	-0.0247 *** (0.0003)	-0.0495 *** (0.0000)	-0.0217 *** (0.0012)
控制变量	控制	控制	控制	控制	控制
个体固定效应	控制	控制	控制	控制	控制
时间固定效应	控制	控制	控制	控制	控制
样本量	771	771	771	771	771
民营可再生能源企业				
变量	0.1	0.25	0.5	0.75	0.9
ROE （-1）	0.3893 *** (0.0067)	0.3811 *** (0.0035)	0.4506 *** (0.0000)	0.4177 *** (0.0000)	0.4071 *** (0.0001)
ER	0.0991 *** (0.0068)	-0.0257 *** (0.0066)	-0.0087 *** (0.0000)	-0.0150 *** (0.0000)	-0.0184 *** (0.0000)
ER×LnSUB	-0.0052 *** (0.0004)	0.0016 *** (0.0004)	0.0014 *** (0.0000)	0.0017 *** (0.0000)	0.0023 *** (0.0000)

续表

民营可再生能源企业				
变量	0.1	0.25	0.5	0.75	0.9
LnSUB	0.2231*** (0.0177)	−0.0650*** (0.0165)	−0.0575*** (0.0001)	−0.0674*** (0.0000)	−0.0903*** (0.0001)
控制变量	控制	控制	控制	控制	控制
个体固定效应	控制	控制	控制	控制	控制
时间固定效应	控制	控制	控制	控制	控制
样本量	878	878	878	878	878

注：***代表1%的显著性水平，括号内为标准误。企业层控制变量包括 SIZE、LnAGE、TOP、LEV、STAFF、GDPG、INF 和 TRADE，它们的估计结果与前文一致，为使表格简化，此处未报告其结果。

表4-17　国有和民营企业中政府补贴对政治风险和 ROE 关系调节作用的结果

国有可再生能源企业				
变量	0.1	0.25	0.5	0.75	0.9
ROE（−1）	0.0010*** (0.0001)	0.0024*** (0.0002)	0.0059*** (0.0003)	0.0025*** (0.0002)	0.0058*** (0.0015)
PR	0.0034*** (0.0001)	0.0021*** (0.0006)	0.0009*** (0.0003)	0.0075*** (0.0002)	0.0108*** (0.0010)
PR×LnSUB	−0.0002*** (0.0000)	−0.0001*** (0.0000)	−0.0001*** (0.0000)	−0.0004*** (0.0000)	−0.0005*** (0.0000)
LnSUB	0.0084*** (0.0002)	0.0079*** (0.0017)	0.0032** (0.0014)	0.0270*** (0.0006)	0.0293*** (0.0016)
控制变量	控制	控制	控制	控制	控制
个体固定效应	控制	控制	控制	控制	控制
时间固定效应	控制	控制	控制	控制	控制
样本量	771	771	771	771	771
民营可再生能源企业				
变量	0.1	0.25	0.5	0.75	0.9
ROE（−1）	0.2052*** (0.0266)	0.4104*** (0.0030)	0.3910*** (0.0003)	0.6033*** (0.0081)	0.2778*** (0.0321)
PR	0.0374*** (0.0036)	0.0038*** (0.0004)	−0.0049*** (0.0000)	0.0094*** (0.0022)	0.0110*** (0.0038)

续表

	民营可再生能源企业				
变量	0.1	0.25	0.5	0.75	0.9
PR×LnSUB	-0.0020***	-0.0003***	0.0003***	-0.0003***	-0.0005**
	(0.0002)	(0.0000)	(0.0000)	(0.0001)	(0.0002)
LnSUB	0.1184***	0.0174***	-0.0169***	0.0131**	0.0155*
	(0.0103)	(0.0010)	(0.0001)	(0.0058)	(0.0087)
控制变量	控制	控制	控制	控制	控制
个体固定效应	控制	控制	控制	控制	控制
时间固定效应	控制	控制	控制	控制	控制
样本量	878	878	878	878	878

注：***、**和*分别代表1%、5%和10%的显著性水平，括号内为标准误。企业层控制变量包括SIZE、LnAGE、TOP、LEV、STAFF、GDPG、INF和TRADE，它们的估计结果与前文一致，为使表格简化，此处未报告其结果。

表4-18 国有和民营企业中政府补贴对金融风险和ROE关系调节作用的结果

	国有可再生能源企业				
变量	0.1	0.25	0.5	0.75	0.9
ROE（-1）	0.0021***	0.0030***	0.0071***	0.0039***	0.0084***
	(0.0002)	(0.0000)	(0.0001)	(0.0001)	(0.0008)
FR	-0.0112***	-0.0098***	-0.0042***	-0.0096***	0.0039**
	(0.0003)	(0.0000)	(0.0004)	(0.0002)	(0.0017)
FR×LnSUB	0.0010***	0.0009***	0.0001***	0.0009***	-0.0007***
	(0.0000)	(0.0000)	(0.0000)	(0.0000)	(0.0001)
LnSUB	-0.0494***	-0.0450***	-0.0059***	-0.0448***	0.0309***
	(0.0010)	(0.0000)	(0.0013)	(0.0014)	(0.0066)
控制变量	控制	控制	控制	控制	控制
个体固定效应	控制	控制	控制	控制	控制
时间固定效应	控制	控制	控制	控制	控制
样本量	771	771	771	771	771
	民营可再生能源企业				
变量	0.1	0.25	0.5	0.75	0.9
ROE（-1）	0.4418	0.3807***	0.4234***	0.4557***	0.3198***
	(0.0040)	(0.0000)	(0.0001)	(0.0000)	(0.0025)

续表

			民营可再生能源企业		
变量	0.1	0.25	0.5	0.75	0.9
FR	0.1760	−0.0263***	−0.0476***	−0.0091***	0.0326***
	(0.0145)	(0.0001)	(0.0001)	(0.0000)	(0.0076)
FR×LnSUB	−0.0109	0.0015***	0.0027***	0.0005***	−0.0030***
	(0.0009)	(0.0000)	(0.0000)	(0.0000)	(0.0004)
LnSUB	0.5205	−0.0682***	−0.1265***	−0.0201***	0.1427***
	(0.0444)	(0.0002)	(0.0001)	(0.0000)	(0.0201)
控制变量	控制	控制	控制	控制	控制
个体固定效应	控制	控制	控制	控制	控制
时间固定效应	控制	控制	控制	控制	控制
样本量	878	878	878	878	878

注：***和**分别代表1%和5%的显著性水平，括号内为标准误。企业层控制变量包括SIZE、LnAGE、TOP、LEV、STAFF、GDPG、INF和TRADE，它们的估计结果与前文一致，为使表格简化，此处未报告其结果。

表4-19 国有和民营企业中政府补贴对综合风险和ROE关系调节作用的结果

			国有可再生能源企业		
变量	0.1	0.25	0.5	0.75	0.9
ROE（−1）	−0.0051***	0.0067***	0.0092***	0.0017***	0.0089***
	(0.0000)	(0.0013)	(0.0007)	(0.0001)	(0.0010)
CR	0.0023***	0.0071***	0.0069***	0.0162***	0.0153***
	(0.0001)	(0.0019)	(0.0004)	(0.0003)	(0.0026)
CR×LnSUB	−0.0002***	−0.0006***	−0.0004***	−0.0007***	−0.0009***
	(0.0000)	(0.0001)	(0.0000)	(0.0000)	(0.0001)
LnSUB	0.0184***	0.0449***	0.0268***	0.0545***	0.0688***
	(0.0001)	(0.0094)	(0.0018)	(0.0010)	(0.0067)
控制变量	控制	控制	控制	控制	控制
个体固定效应	控制	控制	控制	控制	控制
时间固定效应	控制	控制	控制	控制	控制
样本量	771	771	771	771	771

续表

民营可再生能源企业				
变量	0.1	0.25	0.5	0.75	0.9
ROE（-1）	0.3053 *** （0.0072）	0.3878 *** （0.0026）	0.4438 *** （0.0004）	0.5733 *** （0.0086）	0.3965 *** （0.0022）
CR	0.0286 *** （0.0024）	0.0017 *** （0.0004）	-0.0048 *** （0.0003）	0.0216 *** （0.0012）	0.0070 *** （0.0007）
CR×LnSUB	-0.0024 *** （0.0001）	-0.0002 *** （0.0000）	0.0003 *** （0.0000）	-0.0006 *** （0.0001）	-0.0005 *** （0.0000）
LnSUB	0.1949 *** （0.0109）	0.0171 *** （0.0019）	-0.0231 *** （0.0010）	0.0397 *** （0.0074）	0.0323 *** （0.0037）
控制变量	控制	控制	控制	控制	控制
个体固定效应	控制	控制	控制	控制	控制
时间固定效应	控制	控制	控制	控制	控制
样本量	878	878	878	878	878

注：＊＊＊代表1%的显著性水平，括号内为标准误。企业层控制变量包括 SIZE、LnAGE、TOP、LEV、STAFF、GDPG、INF 和 TRADE，它们的估计结果与前文一致，为使表格简化，此处未报告其结果。

第五节　小结

本章采用多维度的环境风险指数（包括经济风险指数、金融风险指数、政治风险指数和综合风险指数）和分位数回归估计方法，探讨环境风险和政府补贴对不同绩效水平的可再生能源企业财务绩效的影响，以及政府补贴对环境风险和不同绩效水平的可再生能源企业财务绩效之间关系的调节作用，主要得出了如下结论：

第一，不同类型的环境风险指数在各分位点对可再生能源企业的财务绩效具有不同的影响。经济风险指数负向影响绩效水平较低的可再生能源企业的财务绩效，但正向影响绩效水平较高的可再生能源企业的财务绩效。金融风险指数在各分位点正向影响可再生能源企业的财务绩效。政治风险指数和综合风险指数在各分位点都正向影响了可再生能源企业的财务绩效，但绩效最差的可再生能源企业除外。

第二，政府补贴正向影响绩效水平较低的可再生能源企业的财务绩效，对绩效水平较高的可再生能源企业财务绩效的影响不显著。此外，政府补贴在各分位点都对经济风险指数和可再生能源企业财务绩效之间的关系具有正向调节作用。除绩效最好和最差的可再生能源企业外，政府补贴在其他各分位点都对金融风险指数和可再生能源企业财务绩效之间的关系具有正向调节作用。政府补贴在各分位点对政治风险指数和可再生能源企业财务绩效，及综合风险指数和可再生能源企业财务绩效之间的关系的调节作用不显著。

第三，在各分位点，政府补贴对环境风险和可再生能源企业财务绩效之间关系的调节作用随着所有权属性的变化而变化。政府补贴在各分位点都对经济风险指数和国有可再生能源企业财务绩效之间的关系的调节作用不显著。除绩效最好和最差的民营可再生能源企业外，政府补贴在其他各分位点都对经济风险指数和民营可再生能源企业财务绩效之间的关系具有正向调节作用。政府补贴对金融风险指数和绩效最好的国有可再生能源企业财务绩效之间的关系具有正向调节作用。

通过本章的研究，可以得出一些建议：①中国政府应关注外部环境的变化对不同绩效水平的可再生能源企业财务绩效的影响，尽量维持经济、金融和政治环境的稳定，充分发挥稳定的外部环境对可再生能源企业财务绩效的促进作用，同时也要注意外部环境波动对绩效最差的可再生能源企业带来的不利影响。②由于绩效水平较高的可再生能源企业有更多的资金用于研发和生产，可以获得更多的研发补贴和数量补贴，但更多的补贴也可能带来过度投资等问题，政府应特别加强对绩效水平较高的可再生能源企业补贴使用的监管。同时可以适当增加对绩效水平较低的可再生能源企业的补贴，扶持中小企业的发展。③在制定补贴政策等相关经济政策时，应针对不同绩效水平的可再生能源企业制定不同的方案，特别是对于绩效最好和绩效最差的可再生能源企业应给予更多的关注。同时，也应考虑这些方案对国有和民营可再生能源企业的不同影响。

第五章 环境风险和政府补贴在不同金融发展水平下对可再生能源企业的影响

本章主要研究在不同的金融发展水平下、政府补贴、环境风险和可再生能源企业财务绩效之间关系的变化。首先分析了环境风险与金融发展对可再生能源企业财务绩效交互影响的作用机制、政府补贴与金融发展对可再生能源企业财务绩效交互影响的作用机制，以及政府补贴与环境风险对可再生能源企业财务绩效交互影响的作用机制，并提出相关的研究假设。其次构建动态面板门槛模型检验所提出的假设，并分析相关结果。最后得出结论，提出政策建议。

第一节 问题的提出

本书于第三章和第四章的研究中分析了环境风险和政府补贴对可再生能源企业财务绩效的重要影响。然而，中国可再生能源产业处于成长阶段（史丹，2012），且其生产具有随机性、波动性和间歇性的特点，使该行业的风险性更大并面临较高的融资约束，能为其提供外部融资的金融行业的发展水平是影响其发展的另一重要因素（Ji 和 Zhang，2019）。

大部分文献认为，一个能够提供充足资金的健全金融体系（即较高的金融发展水平）是促进可再生能源发展的保障。一方面，可再生能源企业采用新的生产工艺或技术取决于外部资金的可用性。当金融发展水平较高时，外部资金更容易获得，这使可再生能源企业能够通过借款进行研发投入，并随着时间的推移分摊成本，从而提高其效率和参与创新的可能性。另一方面，健全的金融市场通常可以更好地筛选项目和企业家，从而将更多信贷适当地分配给生产率高的可再生能源企业（Moretti，2014），提高整个可再生能源产业的效率。

一些文献进一步认为，金融发展和某一环境风险因素可以交互影响企业的财务绩效。一方面，金融发展可以缓冲企业面临的外部环境风险，促进企业的财务绩效（Guo等，2020；Iwasaki等，2021）。另一方面，更稳定的外部环境也有利于金融发展对企业财务绩效促进作用的发挥（Moretti，2014；Tran等，2020）。有文献研究表明，金融发展也可以和政府补贴交互影响企业的财务绩效。政府补贴可以向金融市场传递国家支持发展可再生能源企业的信号（高艳慧等，2012；周文婷和吴一平，2020），而金融发展水平的提高也可以为政府制定补贴政策提供更多的信息支持（卢馨等，2018；王文华和张卓，2013），进而影响企业的财务绩效。

通过以上分析可以看出，金融发展可以分别与政府补贴、环境风险交互影响企业的财务绩效，前文的研究又证实了政府补贴和环境风险可以交互影响可再生能源企业的财务绩效。那么出现一个新问题，即金融发展是否会通过政府补贴和环境风险的交互作用渠道影响可再生能源企业的财务绩效。另外，有文献研究发现，金融发展水平对可再生能源消费存在非线性影响（Yue等，2019；Qamruzzaman和Wei，2020；Raza等，2020；Lahiani等；2021），因此，本书进一步考虑金融发展的门槛效应，即探讨政府补贴和环境风险对可再生能源企业财务绩效的交互影响如何随着金融发展水平的变化而变化。

本章的研究目的是通过采用动态面板门槛模型，探讨在不同的金融发展水平下，政府补贴、环境风险和中国可再生能源企业财务绩效之间的关系如何变化。具体包括：①在较高和较低的银行业发展水平下，政府补贴和不同类型的环境风险如何交互影响可再生能源企业的财务绩效？②在较高和较低的股票市场发展水平下，政府补贴和不同类型的环境风险如何交互影响可再生能源企业的财务绩效？③在较高和较低的综合金融发展水平下，政府补贴和不同类型的环境风险如何交互影响可再生能源企业的财务绩效？

以上问题的研究有利于更深入地了解在不同的金融发展水平下，政府补贴和环境风险对可再生能源企业财务绩效的不同交互影响。由于处于转型经济中的中国可再生能源企业面临着复杂的宏观环境，探索金融发展、政府补贴和环境风险这些外部因素对企业财务绩效的复杂交互影响，对促进中国可再生能源企业的发展具有重要意义。同时，本章构建的银行业发展指标、股票市场发展指标和综合金融发展指标可以从不同维度更好地衡量金融发展，有利于深入了解不同类型的金融发展通过政府补贴和环境风险的交互作用渠道如何影响可再生能源企业的财务绩效，丰富相关的文献。另外，动态面板门槛模型的设定更接近企业财务绩效具有可持续性的现实情况，使金融发展、政府补贴和环境风险对可再生能源企业财务绩效交互影响的结论更具有实际意义。

第二节　理论分析和研究假设

部分文献已经研究了金融发展（Chauvet 和 Jacolin，2017；Guo 等，2020；Iwasaki 等，2021）、外部风险环境的某些方面（Chen 等，2019；Chi-Chuan Lee 和 Chien-Chiang Lee，2019；Akintande 等，2020）、政府补贴（Liu 等，2019；Chang 等，2020；Zhu 和 Liao，2019；Wang 等，2021）分别对企业财务绩效的影响。关于外部环境风险和政府补贴对企业财务绩效的影响机制可以参见第三章的分析。关于金融发展，Hossain 等（2021）研究发现，当地银行业发展水平对企业财务绩效的影响具有门槛效应，当地银行业发展到一定水平时，才会促进企业的财务绩效。一些研究发现，金融发展与宏观层面的可再生能源消费之间也存在非线性关系（Yue 等，2019；Qamruzzaman 和 Wei，2020；Raza 等，2020；Lahiani 等，2021），而可再生能源企业的发展是可再生能源消费的微观体现。由此可以猜想，金融发展对可再生能源企业的财务绩效也可能存在非线性影响。

现有文献已经探讨了金融发展和外部风险环境的单一方面对企业财务绩效的交互影响。一些研究认为，金融发展和企业的财务绩效有正相关关系，因为金融发展可以缓冲企业面临的外部环境风险，并促进战略行为（Guo 等，2020；Iwasaki 等，2021）。然而，也有研究提出，在风险环境中，金融发展不能发挥对企业财务绩效的促进作用（Moretti，2014；Tran 等，2020）。具体而言，外部风险因素如经济衰退或金融市场波动，会降低对可再生能源的需求；不稳定的政治环境，会增加可再生能源政策的不确定性；差的制度质量，使产权无法得到保护；犯罪活动和恐怖主义会带来额外的成本和市场扭曲。这些风险因素将阻碍可再生能源企业扩大投资和组织生产，即使可再生能源企业面临较高的金融发展水平，容易从外部获得资金，这些风险因素也会损害企业的财务绩效（Johnson 等，2002；Ivanovski 和 Marinucci，2021）。

根据相关研究，政府补贴可以直接为可再生能源企业提供资金，缓解其融资约束，并改善其财务绩效（Zhang 等，2014；Chen 和 Ma，2021）。此外，政府补贴还可以通过以下两种机制间接影响可再生能源企业的财务绩效：①政府补贴可能会通过金融发展影响可再生能源企业的财务绩效。根据信号传递理论，政府补贴会向市场发出支持可再生能源行业发展的积极信号，使该行业在金融市场上更具有竞争力。在较高的金融发展水平下，受到更多补贴支持的可再生能源企业更容易从金融市场获得融资，这有助于它们的投资、创新和生产，并提高企业的财务绩效（高艳慧等，2012；周文婷和吴一平，2020）。然而，当前的文献并未考虑政府补贴和金融发展对可再生能源企业财务绩效的这种交互影响。②政府补贴可能会通过缓冲企业面临的外部环境风险来影响可再生能源企业的财务绩效。有研究发现，当企业陷入财务困境时，政府补贴可以为其提供资金，缓解融资约束，帮助其提高财务绩效，这证实了政府补贴对处于风险环境中的企业具有关键救助作用（Faccio 等，2006；Blau 等，2013；Tao 等，2017）。

根据以上分析，现有文献分别探讨了金融发展、环境风险和企业财务绩效的关系，政府补贴、金融发展和企业财务绩效的关系，以及政府补贴、环境风险和企业财务绩效的关系。可以看出，金融发展和环境风险都会影响政府补贴对企业财务绩效作用的发挥，且金融发展和环境风险也会交互影响企业的财务绩效，所以探讨政府补贴、环境风险和金融发展对企业财务绩效的复杂交互影响是有必要的。另外，金融发展主要包括银行机构的发展和股票市场的发展，不同的融资渠道适用于不同的可再生能源项目。Ji 和 Zhang（2019）在研究中提到，采用新技术的小型可再生能源项目更适合股权融资，而大型可再生能源项目（如核项目）则更适合债务融资。由此可以看出，银行机构和股票市场都是可再生能源融资的重要渠道，而现有研究主要考虑银行机构的金融发展方面，忽视了金融发展的股票市场方面。为弥补当前研究的不足，本章就政府补贴、环境风险、金融发展和可再生能源企业财务绩效之间的关系提出如下假设：

假设5.1：在不同的金融发展水平下，政府补贴对环境风险与可再生能源企业财务绩效之间关系的调节作用不同。

第三节　数据与模型

一、数据和变量说明

（一）样本和数据来源

本章仍采用2001~2018年沪深交易所A股市场上市的198家可再生能源企业的非平衡面板数据集，其中有77家国有可再生能源企业和121家民营可再生能源企业。

环境风险（RISK）数据来自国际国家风险指南（ICRG）数据库。金融发展（FD）相关变量的数据来自世界银行的全球金融发展数据库（Global Financial Development，GFD）。企业层面变量包括资产收益率（ROA）、股本收益率（ROE）、政府补贴（LnSUB）、企业规模（SIZE）、企业年龄（LnAGE）、股权集中度（TOP）、杠杆比率（LEV）和员工相对比例（STAFF）的数据来自国泰安（CSMAR）数据库和万得（Wind）数据库。宏观层面控制变量包括经济增长率（GDPG）、通货膨胀率（INF）和贸易开放度（TRADE）的数据来自世界银行的世界发展指标数据库（WDI）。样本和数据来源的具体情况在第三章有详细说明。

（二）变量说明

被解释变量为企业的财务绩效，采用资产收益率（ROA）来衡量。另外，本章采用文献中常用的另一个衡量企业财务绩效的变量——股本收益率（ROE）来进行稳健性检验。

关注的解释变量为环境风险（RISK）、政府补贴（LnSUB）和金融发展

（FD）。环境风险（RISK）由一个综合风险指数（CR）和三个独立的成分风险指数——经济风险指数（ER）、政治风险指数（PR）和金融风险指数（FR）来衡量。根据 Zhang 等（2014）、Yu 等（2016）和 Luo 等（2021a）的研究，政府补贴（LnSUB）由企业获得的政府补贴总额的对数来衡量。另外，模型中加入了企业层面的控制变量和宏观层面的控制变量，企业层面的控制变量包括企业规模（SIZE）、企业年龄（LnAGE）、股权集中度（TOP）、杠杆比率（LEV）和员工相对比例（STAFF）。宏观层面的控制变量包括经济增长率（GDPG）、通货膨胀率（INF）和贸易开放度（TRADE）。各变量的定义与第三章中的定义相同，具体说明详见第三章。

根据 Chiu 和 Lee（2020）的研究，金融发展（FD）分别由银行业发展指标（BANK）、股票市场发展指标（STOCK）和综合金融发展指标（CFD）来衡量。这三个指标均通过主成分分析法计算得到，能更全面地反映银行业发展、股票市场发展和综合金融市场发展的情况。具体地，银行业发展指标由以下四个变量构建而成：对私营部门的国内信贷与 GDP 的比率（DCPS）、银行资产与 GDP 的比率（DMBA）、流动负债与 GDP 的比率（LL）、银行及其他金融机构的私人信贷与 GDP 的比率（PCDMB）。股票市场发展指标由以下三个变量构建而成：股票市值与 GDP 的比率（SMC）、股票市场周转率（SMTR）、股票市场交易总额与 GDP 的比率（SMTVT）。综合金融发展指标由以上七个变量共同构建而成。

本章结合现有文献中常用的两种确定主成分的方法来选择主成分，即选择特征值大于 1 的主成分和累计方差比例大于 80% 的主成分（Ouyang 和 Li，2018；Zhao 和 Yang，2020）。根据表 5-1 报告的主成分分析结果，综合金融发展指标的前两个主成分的特征值分别为 4.5910 和 1.6725，均大于 1，且前两个主成分的累计方差比例为 89.48%，大于 80%，说明前两个主成分可以很好地代表综合金融发展的信息，所以综合金融发展指标选择由前两个主成分构建。股票市场发展指标的第一个主成分的特征值为 2.3426，大于 1，第一个主成分的累计方差比例为 78.09%，几乎接近 80%，说明第一个主成分可以很好地代表股票市场发展的信息，所以股票市场发展指标选择由第一个主成分构建。同理，银行业发展指标的第一个主成分的特征值为 3.8796，大于 1，第一个主成分的累计方差比例为 96.99%，大于 80%，说明第一个主成分可以很好地代表银行业发展的信息，所以银行业发展指标也选择由第一个主成分构建。另外，表5-2报告了金融发展变量的定义及计算说明。

表5-1　金融发展指标的主成分分析结果

综合金融发展指标			
主成分	特征值	方差比例	累计方差比例
主成分1	4.5910	0.6559	0.6559
主成分2	1.6725	0.2389	0.8948
主成分3	0.6230	0.0890	0.9838
主成分4	0.0969	0.0138	0.9976
主成分5	0.0110	0.0016	0.9992
主成分6	0.0051	0.0007	1.0000
主成分7	0.0003	0.0000	1.0000

股票市场发展指标			
主成分	特征值	方差比例	累计方差比例
主成分1	2.3426	0.7809	0.7809
主成分2	0.6495	0.2165	0.9973
主成分3	0.0080	0.0027	1.0000

银行业发展指标			
主成分	特征值	方差比例	累计方差比例
主成分1	3.8796	0.9699	0.9699
主成分2	0.1088	0.0272	0.9971
主成分3	0.0113	0.0028	0.9999
主成分4	0.0003	0.0001	1.0000

特征向量						
综合金融发展指标						
变量	主成分1	主成分2	主成分3	主成分4	主成分5	主成分6	主成分7
SMC	0.1827	0.5181	0.7986	−0.0263	0.1144	0.2159	−0.0040
SMTR	0.3223	0.4458	−0.5483	0.0415	0.4192	0.4682	−0.0035
SMTVT	0.3182	0.5493	−0.2023	0.0991	−0.4407	−0.5933	0.0033
DCPS	0.4422	−0.2416	0.0295	0.1076	−0.4545	0.3624	0.6290
DMBA	0.4242	−0.2827	0.1332	0.5098	0.5406	−0.3953	0.1182
LL	0.4380	−0.1746	0.0158	−0.8347	0.1883	−0.2113	0.0249
PCDMB	0.4407	−0.2495	0.0426	0.1399	−0.2874	0.2234	−0.7679

续表

股票市场发展指标					
变量	主成分 1	主成分 2	主成分 3		
SMC	0.4789	0.8437	0.2425		
SMTR	0.5934	−0.5147	0.6188		
SMTVT	0.6469	−0.1524	−0.7471		
银行业发展指标					
变量	主成分 1	主成分 2	主成分 3		
DCPS	0.5065	−0.0959	−0.5788	0.6319	
DMBA	0.4978	−0.5572	0.6544	0.1159	
LL	0.4888	0.8127	0.3164	0.0214	
PCDMB	0.5067	−0.1407	−0.3696	−0.7661	

表 5-2 金融发展变量的定义及计算说明

变量名称	变量含义	计算说明
BANK	银行业发展指标	由以下四个变量通过主成分分析法构建：对私营部门的国内信贷与 GDP 的比率（DCPS）、银行资产与 GDP 的比率（DMBA）、流动负债与 GDP 的比率（LL）、银行及其他金融机构的私人信贷与 GDP 的比率（PCDMB）
STOCK	股票市场发展指标	由以下三个变量通过主成分分析法构建：股票市值与 GDP 的比率（SMC）、股票市场周转率（SMTR）、股票市场交易总额与 GDP 的比率（SMTVT）
CFD	综合金融发展指标	由以上构建银行业发展指标和股票市场发展指标的共七个变量，通过主成分分析法构建

注：本章采用的其他变量与第三章中的变量相同，具体定义和计算说明可参见表 3-1。

二、模型设定

为探讨在不同金融发展水平下，政府补贴对国家风险和可再生能源企业财务绩效之间关系调节作用的不同，本章采用了 Kremer 等（2013）建立的动态面板门槛模型，模型设定如下：

$$\text{ROA}_{i,t} = \alpha_1 \text{ROA}_{i,t-1} + \delta_1 I(\text{FD}_t \leq \gamma) + \beta_1 \text{RISK}_t \times \text{LnSUB}_{i,t} \times I(\text{FD}_t \leq \gamma) + \beta_2 \text{RISK}_t \times$$

$$LnSUB_{i,t} \times I(FD_t > \gamma) + \alpha_2 RISK_t + \alpha_3 LnSUB_{i,t} + \alpha_4 z_{i,t} + \alpha_5 y_t + \eta_i + \varphi_t + \varepsilon_{i,t}$$

$$(5-1)$$

其中，被解释变量 $ROA_{i,t}$ 代表可再生能源企业 i 在第 t 年的财务绩效；$ROA_{i,t-1}$ 为 $ROA_{i,t}$ 滞后一期的值，用于考察企业财务绩效的影响是否存在持续性；$RISK_t$ 为环境风险，分别代表经济风险指数（ER）、金融风险指数（FR）、政治风险指数（PR）和综合风险指数（CR）；$LnSUB_{i,t}$ 代表政府补贴；FD_t 为金融发展，分别代表银行业发展指标（BANK）、股票市场发展指标（STOCK）和综合金融发展指标（CFD）。$z_{i,t}$ 为企业层面的控制变量，包括企业规模（SIZE）、企业年龄（LnAGE）、股权集中度（TOP）、杠杆比率（LEV）和员工相对比例（STAFF）。y_t 代表宏观层面的控制变量，包括经济增长率（GDPG）、通货膨胀率（INF）和贸易开放度（TRADE）。η_i 和 φ_t 分别代表个体固定效应和时间固定效应；$\varepsilon_{i,t}$ 代表随机扰动项。

I（·）代表指示函数，当它括号内的不等式成立时，则 I（·）= 1，否则 I（·）= 0。金融发展（FD_t）为门槛变量，γ 为门槛值，它们的不同水平决定了不同的区制（Regimes）和指数函数的取值。具体地，当 $FD_t > \gamma$ 时，代表高金融发展区制（即较高的金融发展水平），此时，I（$FD_t > \gamma$）= 1，I（$FD_t \leq \gamma$）= 0；当 $FD_t \leq \gamma$ 时，代表低金融发展区制（即较低的金融发展水平），此时 I（$FD_t \leq \gamma$）= 1，而 I（$FD_t > \gamma$）= 0。δ_1 为截距项，它可以随不同的区制而变化，当 $FD_t \leq \gamma$ 时，模型的截距项为 δ_1。

模型（5-1）主要关注在不同的金融发展区制下，环境风险和政府补贴的交乘项的系数变化，即系数 β_1 和 β_2。其中，β_1 代表在低金融发展区制下，$RISK_t \times LnSUB_{i,t}$ 对可再生能源企业财务绩效的影响；β_2 代表在高金融发展区制下，$RISK_t \times LnSUB_{i,t}$ 对可再生能源企业财务绩效的影响。

Kremer 等（2013）的动态面板门槛模型结合了横截面门槛模型的工具变量估计（Caner 和 Hansen，2004）和面板门槛模型（Hansen，1999）。因此，该动态面板门槛模型使用变量的滞后项作为工具变量，不仅允许被解释变量滞后项的内生性，还允许其他控制变量存在内生性，这也成为该模型最大的优点之一。另外，该模型的估计主要分为三个步骤：第一步，通过使用 Arellano 和 Bover（1995）提出的前向正交离差变换（The Forward Orthogonal Deviations Transforma-

tion）来消除个体固定效应。第二步，估计门槛值 γ。第三步，使用广义矩法
（GMM）估计各系数。

第四节　实证结果

一、描述性统计

表5-3报告了全样本、国有可再生能源企业样本和民营可再生能源企业
样本中，金融发展变量的描述性统计结果。在全样本中，BANK 和 STOCK 的
均值分别为 $-2.46e-08$ 和 $-9.84e-09$，表明可再生能源企业在存续期间面临
的银行业发展水平平均高于股票市场发展水平。BANK、STOCK 和 CFD 的标
准差分别为 1.970、1.531 和 1.608，相对较大，说明可再生能源企业在存
续期间面临的金融发展水平波动较大。民营可再生能源企业样本中的 BANK、
STOCK 和 CFD 的均值均大于国有可再生能源企业样本中的值，说明民营可
再生能源企业在存续期间面临的银行业发展水平、股票市场发展水平和综合
金融发展水平平均高于国有可再生能源企业，表明较高的金融发展水平对民
营可再生能源企业的发展至关重要。另外，其他变量的描述性统计分析可以
参见第三章。

表5-3　金融发展变量的描述性统计

样本	变量	均值	标准差	样本量
全样本	BANK	$-2.46e-08$	1.970	1847
	STOCK	$-9.84e-09$	1.531	1847
	CFD	$-1.53e-08$	1.608	1847
国有企业样本	BANK	-0.427	2.119	848
	STOCK	-0.147	1.556	848
	CFD	-0.307	1.699	848

续表

样本	变量	均值	标准差	样本量
民营企业样本	BANK	0.362	1.755	999
	STOCK	0.125	1.498	999
	CFD	0.261	1.479	999

注：在全样本、国有企业样本和民营企业样本中，BANK、STOCK 和 CFD 的最大值分别为 2.203、3.695 和 2.962，最小值分别为-4.245、-2.721 和-3.347。其他变量的描述性统计可以参见表 3-2。

二、单位根检验

在进行回归分析之前，本章先对各变量进行单位根检验。表 5-4 报告了全样本、国有可再生能源企业样本和民营可再生能源企业样本中，金融发展变量的 Fisher-ADF 面板单位根检验的结果，表明在全样本和两个子样本中，银行业发展指标、股票市场发展指标和综合金融发展指标都是平稳的。另外，其他变量也都是平稳的（见表 3-4）。

表 5-4　金融发展变量的 Fisher-ADF 面板单位根检验结果

变量	全样本	国有企业样本	民营企业样本
	Fisher-ADF 检验	Fisher-ADF 检验	Fisher-ADF 检验
BANK	647.351*** (0.000)	231.759*** (0.000)	415.592*** (0.000)
STOCK	893.095*** (0.000)	410.700*** (0.000)	482.395*** (0.000)
CFD	718.091*** (0.000)	290.088*** (0.000)	428.003*** (0.000)

注：***代表1%的显著性水平，括号内为标准误。其他变量的单位根检验参见表 3-4。

三、基本回归

（一）回归结果

表 5-5 报告了当银行业发展指标作为门槛变量时，全样本的参数估计结

果。结果表明，在不同的银行业发展水平下，政府补贴对环境风险和可再生能源企业财务绩效之间关系的调节作用有所不同。其中，模型（4）的估计结果显示，综合风险指数和政府补贴的交乘项系数在两个银行业发展区制中均为负值，且系数的绝对值在高银行业发展区制下较小。这表明，当银行业发展到一定水平时，政府补贴对综合风险指数和可再生能源企业财务绩效之间关系的调节作用会提高。

表5-5　全样本以银行业发展指标为门槛变量的 ROA 估计结果

模型	（1）	（2）	（3）	（4）
$\hat{\beta}_1$	-0.0018 ***	0.0008 ***	-0.0027 ***	-0.0020 ***
	（0.0003）	（0.0001）	（0.0003）	（0.0002）
$\hat{\beta}_2$	-0.0024 ***	0.0013 ***	-0.0034 ***	-0.0019 ***
	（0.0003）	（0.0002）	（0.0003）	（0.0002）
ROA （-1）	-0.2605 ***	-0.2678 ***	-0.2624 ***	-0.2865 ***
	（0.0056）	（0.0067）	（0.0054）	（0.0073）
RISK	0.0628 ***	-0.0136 ***	0.1441 ***	0.0152 **
	（0.0092）	（0.0027）	（0.0222）	（0.0065）
LnSUB	0.0753 ***	-0.0538 ***	0.1313 ***	0.1582 ***
	（0.0120）	（0.0089）	（0.0131）	（0.0183）
SIZE	-0.0756 ***	-0.0791 ***	-0.0774 ***	-0.0740 ***
	（0.0057）	（0.0052）	（0.0056）	（0.0056）
LnAGE	0.1363 ***	0.1656 ***	0.1314 ***	0.1728 ***
	（0.0135）	（0.0139）	（0.0143）	（0.0123）
TOP	0.2158 ***	0.2406 ***	0.2213 ***	0.2181 ***
	（0.0251）	（0.0203）	（0.0233）	（0.0269）
LEV	-0.0739 ***	-0.1028 ***	-0.0568 ***	-0.1520 ***
	（0.0176）	（0.0230）	（0.0204）	（0.0230）
STAFF	-4.3538 ***	-3.9764 ***	-4.3457 ***	-4.1281 ***
	（0.1403）	（0.1776）	（0.1422）	（0.1414）
GDPG	-4.7313 ***	-1.1970 ***	-10.9276 ***	-0.8259 ***
	（0.8331）	（0.1957）	（1.9189）	（0.2912）
INF	0.3679 ***	0.3634 ***	2.0331 ***	0.4129 ***
	（0.1249）	（0.0819）	（0.4232）	（0.1142）
TRADE	-0.1670 ***	-0.1597 ***	-0.2365 ***	-0.3049 ***
	（0.0454）	（0.0528）	（0.0382）	（0.0406）

模型	（1）	（2）	（3）	（4）
$\hat{\delta}_1$	-0.4321 （0.3183）	2.6174*** （0.2206）	-3.8846*** （0.8664）	0.4471 （0.4802）
$\hat{\gamma}$	2.1393	-1.1206	2.1393	2.0251
个体固定效应	控制	控制	控制	控制
时间固定效应	控制	控制	控制	控制
样本量	1649	1649	1649	1649

注：模型（1）~模型（4）中的 RISK 分别为 ER、PR、FR 和 CR。$\hat{\beta}_1$ 代表在低银行业发展区制下，RISK×LnSUB 对可再生能源企业财务绩效的影响；$\hat{\beta}_2$ 代表在高银行业发展区制下，RISK×LnSUB 对可再生能源企业财务绩效的影响。*** 和 ** 分别代表1%和5%的显著性水平，括号内为标准误。

对于三个独立的成分风险指数，表 5-5 中模型（1）和模型（3）的估计结果显示，经济风险指数和政府补贴的交乘项系数、金融风险指数和政府补贴的交乘项系数在两个银行业发展区制中均为负值，且系数的绝对值在高银行业发展区制下较大。模型（2）的估计结果显示，政治风险指数和政府补贴的交乘项系数在两个银行业发展区制中都为正值，且在高银行业发展区制下较大。模型（1）~模型（3）的估计结果表明，较高的银行业发展水平加强了政府补贴对政治风险指数和企业财务绩效之间关系的正向调节作用。

表 5-6 报告了当股票市场发展指标作为门槛变量时，全样本的参数估计结果。结果表明，在不同的股票市场发展水平下，政府补贴对环境风险和可再生能源企业财务绩效之间关系的调节作用有所不同。

表 5-6　全样本以股票市场发展指标为门槛变量的 ROA 估计结果

模型	（1）	（2）	（3）	（4）
$\hat{\beta}_1$	-0.0020*** （0.0001）	0.0002** （0.0001）	-0.0007** （0.0003）	-0.0022*** （0.0002）
$\hat{\beta}_2$	-0.0017*** （0.0001）	0.0019*** （0.0003）	-0.0005** （0.0003）	-0.0023*** （0.0002）
ROA（-1）	-0.2170*** （0.0051）	-0.2252*** （0.0058）	-0.2814*** （0.0075）	-0.2785*** （0.0075）

续表

模型	（1）	（2）	（3）	（4）
RISK	0.1206*** （0.0054）	-0.0069** （0.0029）	0.0928*** （0.0091）	0.0291*** （0.0052）
LnSUB	0.0815*** （0.0059）	-0.0141* （0.0080）	0.0274** （0.0118）	0.1751*** （0.0162）
SIZE	0.0122*** （0.0031）	-0.0727*** （0.0047）	0.0210*** （0.0027）	-0.0760*** （0.0051）
LnAGE	0.0734*** （0.0080）	0.1339*** （0.0126）	0.0334*** （0.0054）	0.1534*** （0.0135）
TOP	0.0279** （0.0138）	0.1810*** （0.0179）	0.0047 （0.0128）	0.2264*** （0.0249）
LEV	-0.3294*** （0.0134）	-0.0909*** （0.0204）	-0.3854*** （0.0168）	-0.1206*** （0.0237）
STAFF	-2.9237*** （0.1043）	-4.7474*** （0.1580）	-1.8125*** （0.1113）	-4.3117*** （0.1662）
GDPG	-11.9616*** （0.4262）	-1.1956*** （0.1932）	-8.7076*** （0.6810）	0.1882 （0.3498）
INF	-1.0024*** （0.1073）	0.2508*** （0.0847）	0.8272*** （0.1365）	0.8521*** （0.0926）
TRADE	0.8068*** （0.0967）	-0.2081*** （0.0523）	0.5204*** （0.0244）	-0.7583*** （0.0387）
$\hat{\delta}_1$	-4.0054*** （0.1240）	2.1578*** （0.2336）	-3.8478*** （0.3436）	-0.4283 （0.4108）
$\hat{\gamma}$	0.5804	1.6335	-0.8478	-0.7277
个体固定效应	控制	控制	控制	控制
时间固定效应	控制	控制	控制	控制
样本量	1649	1649	1649	1649

注：模型（1）~模型（4）中的 RISK 分别为 ER、PR、FR 和 CR。$\hat{\beta}_1$ 代表在低股票市场发展区制下，RISK×LnSUB 对可再生能源企业财务绩效的影响；$\hat{\beta}_2$ 代表在高股票市场发展区制下，RISK×LnSUB 对可再生能源企业财务绩效的影响。***、** 和 * 分别代表1%、5%和10%的显著性水平，括号内为标准误。

表5-6中，模型（1）和模型（3）的估计结果表明，经济风险指数和政府补贴的交乘项系数、金融风险指数和政府补贴的交乘项系数在两个股票市场发展区制中均为负值，且系数的绝对值在高股票市场发展区制下较小。与银行业发展

作为门槛变量时的结果相似，模型（2）的估计结果表明，在高股票市场发展区制下，政府补贴对政治风险指数和企业财务绩效之间关系的正向调节作用也较大。模型（4）的估计结果表明，综合风险指数和政府补贴的交乘项系数在两个股票市场发展区制中均为负值，且系数的绝对值在高股票市场发展区制下较大。以上结果表明，更稳定的经济环境和金融环境中会减弱政府补贴对可再生能源企业财务绩效的负向影响。

表5-7 报告了当综合金融发展指标作为门槛变量时，全样本的参数估计结果。结果表明，在不同的综合金融发展水平下，政府补贴对环境风险和可再生能源企业财务绩效之间关系的调节作用有所不同。其中，模型（4）的估计结果显示，政府补贴对综合风险指数和可再生能源企业财务绩效之间的关系具有正向调节作用，且这一正向调节作用在高综合金融发展区制下较大。

表5-7　全样本以综合金融发展指标为门槛变量的 ROA 估计结果

模型	（1）	（2）	（3）	（4）
$\hat{\beta}_1$	−0.0019 *** （0.0002）	0.0008 *** （0.0002）	−0.0022 *** （0.0002）	0.0007 *** （0.0002）
$\hat{\beta}_2$	−0.0011 *** （0.0002）	0.0015 *** （0.0002）	−0.0016 *** （0.0003）	0.0012 *** （0.0002）
ROA（−1）	−0.2687 *** （0.0083）	−0.2782 *** （0.0047）	−0.3010 *** （0.0052）	−0.3008 *** （0.0052）
RISK	0.0522 *** （0.0057）	−0.0199 *** （0.0018）	0.1088 *** （0.0145）	0.0084 （0.0095）
LnSUB	0.0736 *** （0.0085）	−0.0573 *** （0.0133）	0.1050 *** （0.0105）	−0.0581 *** （0.0150）
SIZE	−0.0006 （0.0041）	−0.0013 （0.0041）	−0.0634 *** （0.0068）	−0.0686 *** （0.0068）
LnAGE	0.0958 *** （0.0127）	0.0844 *** （0.0121）	0.1598 *** （0.0174）	0.1733 *** （0.0148）
TOP	0.0665 *** （0.0189）	0.0742 *** （0.0174）	0.2001 *** （0.0291）	0.2331 *** （0.0231）
LEV	−0.2909 *** （0.0191）	−0.3025 *** （0.0194）	−0.1709 *** （0.0223）	−0.1555 *** （0.0228）

续表

模型	（1）	（2）	（3）	（4）
STAFF	−2.4651***	−2.6528***	−3.9945***	−3.9018***
	（0.1728）	（0.1697）	（0.1942）	（0.1699）
GDPG	−2.6296***	−0.5817***	−8.1684***	−1.9649***
	（0.3861）	（0.1134）	（1.2028）	（0.5864）
INF	0.1959***	0.2768***	1.5760***	−0.0348
	（0.0436）	（0.0410）	（0.2554）	（0.0355）
TRADE	0.0644**	0.2437***	−0.2422***	−0.2104***
	（0.0275）	（0.0289）	（0.0351）	（0.0505）
$\hat{\delta}_1$	−1.7539***	1.3789***	−2.8245***	0.9722
	（0.2020）	（0.1441）	（0.5796）	（0.7142）
$\hat{\gamma}$	−0.1409	−0.5650	−0.1409	−0.1409
个体固定效应	控制	控制	控制	控制
时间固定效应	控制	控制	控制	控制
样本量	1649	1649	1649	1649

注：模型（1）~模型（4）中的 RISK 分别为 ER、PR、FR 和 CR。$\hat{\beta}_1$ 代表在低综合金融发展区制下，RISK×LnSUB 对可再生能源企业财务绩效的影响；$\hat{\beta}_2$ 代表在高综合金融发展区制下，RISK×LnSUB 对可再生能源企业财务绩效的影响。***和**分别代表1%和5%的显著性水平，括号内为标准误。

表5-7中，对于三个独立的成分风险指数，模型（1）和模型（3）的估计结果显示，经济风险指数和政府补贴的交乘项系数、金融风险指数和政府补贴的交乘项系数在两个综合金融发展区制中均为负值，且系数的绝对值在高综合金融发展区制下较小。模型（2）的估计结果显示，较高的综合金融发展水平促进了政府补贴对政治风险指数和企业财务绩效之间关系的正向调节作用，这与当银行业发展指标和股票市场发展指标作为门槛变量时的结果相似。

表5-5 至表5-7关于控制变量的估计结果表明，企业规模（SIZE）、杠杆比率（LEV）、员工相对比例（STAFF）、经济增长率（GDPG）和贸易开放度（TRADE）均对可再生能源企业财务绩效具有负向影响，而企业年龄（LnAGE）、股权集中度（TOP）和通货膨胀率（INF）均对可再生能源企业财务绩效具有正向影响。

（二）进一步讨论

在高银行业发展区制下，政府补贴对政治风险指数和企业财务绩效之间关系的正向调节作用更强。一方面，在更高水平的银行业发展下，可再生能源企业更容易获得发展所需的资金；另一方面，Tran 等（2020）的研究结果表明，腐败在较高金融发展水平下的代价更高，这都降低了可再生能源企业通过寻租行为获得更多补贴的动机。因此，政府补贴可能会在更稳定的政治环境中促进可再生能源企业财务绩效的提高。

与银行业发展指标作为门槛变量时的结果不同，在更稳定的综合风险环境中，更高水平的股票市场发展减小了政府补贴对可再生能源企业财务绩效的负向影响，这可能是因为股票市场的发展拓宽了投资者的投资渠道。然而，投资者的能力存在差异，基于信息不对称和"潮涌现象"理论（林毅夫等，2010），支持可再生能源企业发展的补贴政策可能会鼓励一些投资者在更加稳定的综合风险环境中过度投资于该行业（何文韬和肖兴志，2018），进而不利于可再生能源企业财务绩效的提高。银行作为机构投资者，往往更理性，因此其发展可以改善政府补贴对可再生能源企业财务绩效的影响。

此外，在高股票市场发展区制下，股票市场的发展为可再生能源企业拓宽了融资渠道，但在该市场进行融资的成本相对较高，会降低可再生能源企业盲目增加投资和产能的风险（Ji 和 Zhang，2019）。企业通过股票市场融资，还将带来股东对政府补贴使用以及企业投资和生产的监督（Balsmeier 和 Czarnitzki，2015），从而有助于减少企业的不良行为。

在高综合金融发展区制下，政府补贴对综合风险指数和企业财务绩效之间关系的正向调节作用增强，表明在更稳定的综合风险环境和较高水平的综合金融发展的相互作用下，政府补贴可以改善可再生能源企业的财务绩效。此外，较高水平的金融发展加强了政府补贴对政治风险指数和企业财务绩效之间关系的正向调节作用。综合以上分析可以看出，在更稳定的环境风险环境（即经济环境、金融环境、政治环境和综合环境）及较高水平的综合金融发展的相互作用下，政府补贴可以改善可再生能源企业的财务绩效。

（三）稳健性检验

本章先通过更换企业财务绩效的测量方式来进行稳健性检验，采用文献中常用的另一个衡量企业财务绩效的变量——股本收益率（ROE）作为替代指标。表 5-8 至表 5-10 分别报告了当银行业发展指标、股票市场发展指标和综合金融发展指标作为门槛变量时，全样本的参数估计结果。各变量的估计结果和以 ROA 为被解释变量时的估计结果基本一致，证明前文的估计结果是稳健的。

表 5-8　全样本以银行业发展指标为门槛变量的 ROE 估计结果

模型	（1）	（2）	（3）	（4）
$\hat{\beta}_1$	−0.0635*** (0.0040)	0.0274*** (0.0011)	−0.0210*** (0.0078)	−0.0189*** (0.0022)
$\hat{\beta}_2$	−0.0644*** (0.0040)	0.0352*** (0.0012)	−0.0213*** (0.0080)	−0.0170*** (0.0019)
ROE（−1）	−0.2085*** (0.0016)	−0.2152*** (0.0018)	−0.1686*** (0.0248)	−0.2076*** (0.0019)
RISK	1.2411*** (0.1124)	−0.2918*** (0.0745)	1.7800** (0.8960)	0.4576*** (0.1162)
LnSUB	2.5605*** (0.1611)	−1.9116*** (0.0739)	0.9682*** (0.3642)	1.4586*** (0.1657)
SIZE	−1.1115*** (0.0715)	−1.3100*** (0.0731)	0.1499** (0.0655)	−1.2717*** (0.0855)
LnAGE	6.2676*** (0.6472)	6.4210*** (0.7472)	0.4376** (0.1982)	6.3803*** (0.8849)
TOP	4.6537*** (0.3422)	5.5890*** (0.3708)	0.2778 (0.1906)	4.9088*** (0.4900)
LEV	−2.8158*** (0.1416)	−2.0628*** (0.1446)	−1.6438*** (0.3452)	−3.5369*** (0.2753)
STAFF	−7.8777*** (1.7175)	−8.6270*** (2.9429)	3.8913 (3.6174)	−11.3235*** (3.6595)
GDPG	−68.6222*** (9.3545)	−9.8323** (4.1282)	−123.8999 (75.4676)	−22.6847* (11.8147)
INF	16.3343*** (1.5833)	7.7317*** (1.7850)	30.3298** (14.4594)	6.8898*** (0.6078)
TRADE	−5.7619*** (1.1465)	−7.7383*** (0.9820)	0.0581 (1.5887)	−9.0134*** (0.9038)
$\hat{\delta}_1$	−28.4810*** (4.2745)	39.4754*** (5.9102)	−72.8794** (33.6116)	−13.6195* (7.9859)

模型	（1）	（2）	（3）	（4）
$\hat{\gamma}$	−1.6105	−0.5682	2.0251	2.0251
个体固定效应	控制	控制	控制	控制
时间固定效应	控制	控制	控制	控制
样本量	1649	1649	1649	1649

注：模型（1）~模型（4）中的 RISK 分别为 ER、PR、FR 和 CR。$\hat{\beta}_1$ 代表在低银行业发展区制下，RISK×LnSUB 对可再生能源企业财务绩效的影响；$\hat{\beta}_2$ 代表在高银行业发展区制下，RISK×LnSUB 对可再生能源企业财务绩效的影响。***、** 和 * 分别代表 1%、5% 和 10% 的显著性水平，括号内为标准误。

表 5-9　全样本以股票市场发展指标为门槛变量的 ROE 估计结果

模型	（1）	（2）	（3）	（4）
$\hat{\beta}_1$	−0.1344*** （0.0105）	0.0065*** （0.0003）	−0.2381*** （0.0348）	−0.0179*** （0.0018）
$\hat{\beta}_2$	−0.1339*** （0.0105）	0.0057*** （0.0003）	−0.2332*** （0.0339）	−0.0191*** （0.0018）
ROE（−1）	−0.2936*** （0.0029）	−0.1920*** （0.0007）	−0.2708*** （0.0080）	−0.2106*** （0.0015）
RISK	0.7908* （0.4034）	−0.1006*** （0.0157）	4.2314*** （1.4982）	0.5071*** （0.0837）
LnSUB	5.3291*** （0.4176）	−0.4310*** （0.0172）	10.8412*** （1.6224）	1.4162*** （0.1357）
SIZE	−0.4927*** （0.1175）	−0.6174*** （0.0151）	−0.2161 （0.2457）	−1.1676*** （0.0764）
LnAGE	3.2781*** （0.9243）	2.7239*** （0.1057）	4.2058*** （1.2748）	6.5760*** （0.6862）
TOP	1.9577*** （0.7001）	2.6131*** （0.1148）	16.2905*** （2.3428）	0.6862*** （0.3546）
LEV	−2.2710*** （0.6014）	−0.6356*** （0.0496）	−3.8271*** （1.2230）	−3.0864*** （0.1648）
STAFF	−10.0805* （5.5557）	−2.5241** （0.9943）	−6.0145 （10.3538）	−6.3547*** （1.6126）
GDPG	28.9019 （28.7811）	9.1708*** （1.1862）	−218.8892* （120.2116）	−10.2730 （8.9537）

续表

模型	（1）	（2）	（3）	（4）
INF	18.7376***	12.7936***	20.4686	14.6637***
	（3.7297）	（0.7168）	（28.0787）	（0.9192）
TRADE	-8.2634***	-7.2908***	9.2488***	-12.9282***
	（1.6453）	（0.2924）	（2.4613）	（0.8227）
$\hat{\delta}_1$	-26.1820*	16.6051***	-183.9552***	-20.1714***
	（13.7537）	（1.2875）	（57.6393）	（6.2290）
$\hat{\gamma}$	-0.3092	0.5804	-1.0163	-0.3092
个体固定效应	控制	控制	控制	控制
时间固定效应	控制	控制	控制	控制
样本量	1649	1649	1649	1649

注：模型（1）~模型（4）中的 RISK 分别为 ER、PR、FR 和 CR。$\hat{\beta}_1$ 代表在低股票市场发展区制下，RISK×LnSUB 对可再生能源企业财务绩效的影响；$\hat{\beta}_2$ 代表在高股票市场发展区制下，RISK×LnSUB 对可再生能源企业财务绩效的影响。***、**和*分别代表1%、5%和10%的显著性水平，括号内为标准误。

表5-10　全样本以综合金融发展指标为门槛变量的 ROE 估计结果

模型	（1）	（2）	（3）	（4）
$\hat{\beta}_1$	-0.1676***	0.0274***	-0.2030***	0.0042**
	（0.0136）	（0.0011）	（0.0179）	（0.0018）
$\hat{\beta}_2$	-0.1644***	0.0352***	-0.1955***	0.0069***
	（0.0137）	（0.0012）	（0.0176）	（0.0018）
ROE（-1）	-0.2847***	-0.2152***	-0.2893***	-0.2063***
	（0.0062）	（0.0018）	（0.0111）	（0.0016）
RISK	1.6838***	-0.2918***	2.4334*	0.3214***
	（0.5592）	（0.0745）	（1.2480）	（0.1166）
LnSUB	6.5832***	-1.9116***	9.2258***	-0.3603***
	（0.5573）	（0.0739）	（0.8371）	（0.1359）
SIZE	-0.3163**	-1.3100***	-0.1392	-1.1973***
	（0.1554）	（0.0731）	（0.3119）	（0.0733）
LnAGE	2.8111**	6.4210***	2.9373*	6.6691***
	（1.3122）	（0.7472）	（1.7558）	（0.7172）
TOP	15.8620***	5.5890***	23.2393***	5.0568***
	（1.9578）	（0.3708）	（3.3591）	（0.3842）

续表

模型	（1）	（2）	（3）	（4）
LEV	−1.8474** （0.9067）	−2.0628*** （0.1446）	−2.4093* （1.2966）	−3.4350*** （0.1871）
STAFF	−2.7648 （8.4699）	−8.6270*** （2.9429）	−35.4131*** （12.1421）	−10.0708*** （2.5543）
GDP	3.6181 （36.7328）	−9.8323** （4.1282）	−36.1326 （88.9729）	−31.2866** （12.3713）
INF	8.4588* （4.4085）	7.7317*** （1.7850）	13.1085 （18.3143）	5.1986*** （1.4499）
TRADE	−5.4213*** （2.0379）	−7.7383*** （0.9820）	−3.5921 （2.6753）	−8.2975*** （1.1914）
$\hat{\delta}_1$	−68.0673*** （18.8706）	39.4754*** （5.9102）	−115.2543** （49.9814）	−4.5025 （8.5475）
$\hat{\gamma}$	−1.1142	−0.5650	0.6550	−0.5650
个体固定效应	控制	控制	控制	控制
时间固定效应	控制	控制	控制	控制
样本量	1649	1649	1649	1649

注：模型（1）~模型（4）中的 RISK 分别为 ER、PR、FR 和 CR。$\hat{\beta}_1$ 代表在低综合金融发展区制下，RISK×LnSUB 对可再生能源企业财务绩效的影响；$\hat{\beta}_2$ 代表在高综合金融发展区制下，RISK×LnSUB 对可再生能源企业财务绩效的影响。***、**和*分别代表 1%、5%和 10%的显著性水平，括号内为标准误。

本章进一步通过删除一些控制变量来估计结果。具体而言，我们分别通过在模型中删除 GDPG 和 INF 以及在模型中删除 GDPG、INF 和 TOP 来估计结果，这些结果与前文的估计结果一致。

另外，本章采用其他绩效指标，即营业收入增长率和营业利润增长率来估计结果。营业收入增长率的估计结果表明，当股票市场发展指标作为门槛变量时，环境风险指数和补贴的系数均为正，而在较高的股票市场发展区制下，环境风险指标和补贴之间的负向交互作用变小。这表明，更高的股市发展可以减小环境风险指数和补贴对可再生能源企业收入增长率的负向交互作用。营业利润增长率的估计结果表明，环境风险指数和补贴的系数均为正。环境风险指数与补贴之间的负向交互作用在较高的银行业发展和综合金融发展区制下较大，在较高的股票市场发展区制下较小。这些结果与前文的估计结果基本一致。

四、异质性分析

本书进一步探讨在不同的金融发展水平下，环境风险、政府补贴和可再生能源企业财务绩效之间的关系如何随着所有权属性的不同而变化。表5-11和表5-12分别报告了当银行业发展指标作为门槛变量时，国有和民营可再生能源企业样本的估计结果。

表5-11　国有可再生能源企业样本以银行业发展指标为门槛变量的 ROA 估计结果

模型	(1)	(2)	(3)	(4)
$\hat{\beta}_1$	-0.0032*** (0.0008)	0.0004*** (0.0002)	-0.0021*** (0.0005)	-0.0010** (0.0004)
$\hat{\beta}_2$	-0.0034*** (0.0008)	0.0005*** (0.0002)	-0.0020*** (0.0005)	-0.0011** (0.0005)
ROA (-1)	-0.0912*** (0.0058)	-0.0867*** (0.0052)	-0.0776*** (0.0039)	-0.0950*** (0.0309)
RISK	0.0961*** (0.0176)	-0.0333*** (0.0091)	0.1274*** (0.0212)	0.0432 (0.0317)
LnSUB	0.1311*** (0.0333)	-0.0301*** (0.0102)	0.0938*** (0.0253)	0.0775** (0.0344)
SIZE	-0.0008 (0.0029)	-0.0049*** (0.0017)	-0.0267*** (0.0031)	-0.0030 (0.0044)
LnAGE	0.0118 (0.0096)	0.0311*** (0.0067)	0.0520*** (0.0152)	0.0211 (0.0137)
TOP	0.0487*** (0.0100)	0.0511*** (0.0079)	0.1481*** (0.0108)	0.0446*** (0.0170)
LEV	-0.1602*** (0.0103)	-0.1699*** (0.0106)	-0.1583*** (0.0092)	-0.1694*** (0.0240)
STAFF	-1.6332*** (0.1953)	-1.8462*** (0.2542)	-1.1842*** (0.2298)	-1.5285*** (0.2948)
GDPG	-5.7387*** (1.0858)	-0.4917 (0.3755)	-8.6252*** (1.6688)	-1.6014 (1.7839)
INF	0.9222*** (0.1396)	0.5860* (0.3167)	1.9944*** (0.3342)	-0.1264 (0.2677)

续表

模型	（1）	（2）	（3）	（4）
TRADE	−0.1539	0.0269	0.0088	−0.2342
	（0.1218）	（0.1265）	（0.0361）	（0.1492）
$\hat{\delta}_1$	−2.9787***	2.5038***	−4.4073***	−2.8306
	（0.5686）	（0.6943）	（0.7714）	（2.1773）
$\hat{\gamma}$	−3.3994	−0.5682	−1.1206	−2.8087
个体固定效应	控制	控制	控制	控制
时间固定效应	控制	控制	控制	控制
样本量	771	771	771	771

注：模型（1）~模型（4）中的 RISK 分别为 ER、PR、FR 和 CR。$\hat{\beta}_1$ 代表在低银行业发展区制下，RISK×LnSUB 对可再生能源企业财务绩效的影响；$\hat{\beta}_2$ 代表在高银行业发展区制下，RISK×LnSUB 对可再生能源企业财务绩效的影响。***、** 和 * 分别代表 1%、5% 和 10% 的显著性水平，括号内为标准误。

表 5-12　民营可再生能源企业样本以银行业发展指标为门槛变量的 ROA 估计结果

模型	（1）	（2）	（3）	（4）
$\hat{\beta}_1$	−0.0101*	−0.0030***	0.0184**	−0.0050***
	（0.0054）	（0.0009）	（0.0084）	（0.0015）
$\hat{\beta}_2$	−0.0103*	−0.0032***	0.0188**	−0.0052***
	（0.0054）	（0.0010）	（0.0086）	（0.0016）
ROA（−1）	−0.2236***	−0.2379***	−0.2437***	−0.2333***
	（0.0697）	（0.0802）	（0.0627）	（0.0793）
RISK	0.1174	0.0618*	−0.2670**	0.0473
	（0.0809）	（0.0335）	（0.1231）	（0.0437）
LnSUB	0.4331*	0.2160***	−0.8663**	0.4073***
	（0.2208）	（0.0591）	（0.4004）	（0.1200）
SIZE	0.0148	0.0060	0.0088	0.0055
	（0.0135）	（0.0150）	（0.0118）	（0.0149）
LnAGE	0.1188***	0.1194***	0.0608***	0.1215***
	（0.0260）	（0.0296）	（0.0137）	（0.0293）
TOP	0.1056***	0.1077***	0.0760***	0.1090***
	（0.0242）	（0.0271）	（0.0178）	（0.0270）
LEV	−0.4490***	−0.4432***	−0.2421***	−0.4373***
	（0.0646）	（0.0720）	（0.0587）	（0.0707）

续表

模型	（1）	（2）	（3）	（4）
STAFF	-3.6254***	-3.7185***	-3.4695***	-3.6761***
	(0.5674)	(0.6238)	(0.3468)	(0.6153)
GDPG	1.3892	0.0023	1.3360	0.7567
	(1.3829)	(1.5968)	(1.1416)	(1.6498)
INF	-0.7352	-1.0040	-0.6154	-0.4353
	(1.2863)	(1.1951)	(1.0652)	(1.5963)
TRADE	0.2292	0.1592	-0.5328	0.1624
	(0.8590)	(0.9942)	(0.7613)	(0.9721)
$\hat{\delta}_1$	-5.5952***	-4.4614*	12.6595**	-4.0883
	(3.3119)	(2.3887)	(5.8995)	(3.2902)
$\hat{\gamma}$	2.0251	2.0251	2.0251	2.0251
个体固定效应	控制	控制	控制	控制
时间固定效应	控制	控制	控制	控制
样本量	878	878	878	878

注：模型（1）~模型（4）中的 RISK 分别为 ER、PR、FR 和 CR。$\hat{\beta}_1$ 代表在低银行业发展区制下，RISK×LnSUB 对可再生能源企业财务绩效的影响；$\hat{\beta}_2$ 代表在高银行业发展区制下，RISK×LnSUB 对可再生能源企业财务绩效的影响。***、**和*分别代表1%、5%和10%的显著性水平，括号内为标准误。

在表5-11报告的国有可再生能源企业样本的估计结果中，模型（1）和模型（4）的结果显示，经济风险指数和政府补贴的交乘项系数，以及综合风险指数和政府补贴的交乘项系数在两个银行业发展区制中均为负值，且系数的绝对值在高银行业发展区制下较大。模型（3）的估计结果显示，金融风险指数和政府补贴的交乘项系数在两个银行业发展区制中也均为负值，且系数的绝对值在高银行业发展区制下较小。模型（2）的估计结果显示，政治风险指数和政府补贴的交乘项系数在两个银行业发展区制中均为正值，且系数的值在高银行业发展区制下较大。通过以上结果可以看出，当银行业发展达到一定水平时，政府补贴在更加稳定的政治环境和金融环境中会促进国有可再生能源企业财务绩效的改善。

在表5-12报告的民营可再生能源企业样本的估计结果中，模型（1）、模型（2）和模型（4）的结果显示，在高银行业发展区制下，政府补贴对经济风险指数和企业财务绩效之间关系、政治风险指数和企业财务绩效之间关系以及综合风险指数和企业财务绩效之间关系的正向调节作用均不显著。模型（3）的结果显示，在高银行业发展区制下，政府补贴对金融风险指数和企业财务绩效之间关系的正向调节作用较大。另外，经济风险指数和政府补贴的交乘项系数的显著性较差。

通过表5-11和表5-12的估计结果可以看出，考虑所有权属性后，在两个银行业发展区制中，政府补贴对综合风险指数和民营可再生能源企业财务绩效之间关系的调节作用弱于对国有可再生能源企业的调节作用。在高银行业发展区制下，政府补贴对经济风险指数和国有可再生能源企业财务绩效之间关系的调节作用更强，而对民营可再生能源企业的影响则不那么显著。

另外，政府补贴对政治风险指数和民营可再生能源企业财务绩效之间关系的调节作用大于国有可再生能源企业，这表明，在较高的银行业发展水平和更稳定的政治环境中，民营可再生能源企业更容易受到政府补贴的影响。在高银行业发展区制下，政府补贴对金融风险指数和民营可再生能源企业财务绩效之间的关系具有较大的正向调节作用。这表明，在更稳定的金融环境和较高的银行业发展水平下，政府补贴对国有和民营可再生能源企业的财务绩效都有改善作用。

表5-13和表5-14分别报告了当股票市场发展指标作为门槛变量时，国有和民营可再生能源企业样本的估计结果。在表5-13报告的国有可再生能源企业样本的估计结果中，模型（1）~模型（4）的结果显示，四个风险指数和政府补贴的交乘项系数在两个股票市场发展区制中均为负值，且系数的绝对值在高股票市场发展区制下较大。

表5-13　国有可再生能源企业样本以股票市场发展指标为门槛变量的 ROA 估计结果

模型	（1）	（2）	（3）	（4）
$\hat{\beta}_1$	− 0.0025 * （0.0014）	− 0.0003 ** （0.0001）	− 0.0015 ** （0.0007）	− 0.0007 * （0.0004）
$\hat{\beta}_2$	− 0.0026 * （0.0014）	− 0.0002 ** （0.0001）	− 0.0016 ** （0.0007）	− 0.0008 * （0.0004）
ROA（−1）	− 0.2650 *** （0.0622）	0.0846 ** （0.0340）	− 0.1569 *** （0.0330）	− 0.1370 *** （0.0334）
RISK	0.1025 ** （0.0461）	− 0.0055 （0.0074）	0.0303 （0.0582）	− 0.0165 （0.0214）

续表

模型	（1）	（2）	（3）	（4）
LnSUB	0.1033*	0.0146*	0.0675**	0.0544*
	(0.0563)	(0.0080)	(0.0317)	(0.0320)
SIZE	-0.1822***	0.0020	0.0042	-0.0016
	(0.0272)	(0.0044)	(0.0048)	(0.0048)
LnAGE	0.1736*	0.0202	0.0206***	0.0307**
	(0.0932)	(0.0144)	(0.0056)	(0.0151)
TOP	1.0400***	0.0283*	0.0290*	0.0601***
	(0.1409)	(0.0171)	(0.0155)	(0.0190)
LEV	-0.1304	-0.1166***	-0.2035***	-0.1402***
	(0.0847)	(0.0226)	(0.0305)	(0.0287)
STAFF	-2.3808	-0.9944***	-1.6342***	-1.3801***
	(1.5788)	(0.2837)	(0.4826)	(0.3203)
GDPG	-3.4906	-0.0258	0.0184	3.4713**
	(3.7719)	(0.5588)	(5.2753)	(1.3617)
INF	1.0021**	0.2262	0.8802	0.9825***
	(0.5021)	(0.3302)	(0.7973)	(0.2989)
TRADE	-0.0753	0.0601	-0.2250	-0.3574**
	(0.2742)	(0.1253)	(0.1938)	(0.1531)
$\hat{\delta}_1$	-0.3087	0.3804	-1.2470	1.1582
	(1.5489)	(0.5123)	(2.1923)	(1.4712)
$\hat{\gamma}$	-0.8971	-1.0163	0.5804	-1.0163
个体固定效应	控制	控制	控制	控制
时间固定效应	控制	控制	控制	控制
样本量	771	771	771	771

注：模型（1）~模型（4）中的 RISK 分别为 ER、PR、FR 和 CR。$\hat{\beta}_1$ 代表在低股票市场发展区制下，RISK×LnSUB 对可再生能源企业财务绩效的影响；$\hat{\beta}_2$ 代表在高股票市场发展区制下，RISK×LnSUB 对可再生能源企业财务绩效的影响。***、**和*分别代表 1%、5%和 10%的显著性水平，括号内为标准误。

表 5-14　民营可再生能源企业样本以股票市场发展指标为门槛变量的 ROA 估计结果

模型	（1）	（2）	（3）	（4）
$\hat{\beta}_1$	-0.0170**	-0.0032***	0.0097**	-0.0059***
	(0.0080)	(0.0009)	(0.0049)	(0.0016)

· 135 ·

续表

模型	（1）	（2）	（3）	（4）
$\hat{\beta}_2$	-0.0167**	-0.0031***	0.0098**	-0.0057***
	(0.0079)	(0.0008)	(0.0049)	(0.0015)
ROA（-1）	-0.2385***	-0.2372***	-0.1713***	-0.2323***
	(0.0745)	(0.0744)	(0.0497)	(0.0735)
RISK	0.2305*	0.0549*	-0.1437*	0.0753*
	(0.1247)	(0.0306)	(0.0746)	(0.0449)
LnSUB	0.7054**	0.2190***	-0.4568**	0.4604***
	(0.3251)	(0.0553)	(0.2323)	(0.1195)
SIZE	0.0092	0.0036	0.0178**	0.0028
	(0.0135)	(0.0134)	(0.0089)	(0.0134)
LnAGE	0.1188***	0.1193***	0.0461***	0.1202***
	(0.0277)	(0.0274)	(0.0083)	(0.0272)
TOP	0.1069***	0.0984***	0.0608***	0.0969***
	(0.0258)	(0.0256)	(0.0166)	(0.0254)
LEV	-0.4396***	-0.4165***	-0.3016***	-0.4098***
	(0.0643)	(0.0615)	(0.0452)	(0.0609)
STAFF	-3.5456***	-3.6226***	-3.0467***	-3.6017***
	(0.5852)	(0.5642)	(0.3767)	(0.5578)
GDPG	-4.9077	-3.6107	0.1566	-5.1328
	(4.6491)	(3.1636)	(2.3380)	(3.5992)
INF	-2.3207	-1.7539	-0.5054	-1.9471
	(1.8090)	(1.2810)	(1.0582)	(1.7151)
TRADE	1.3602	0.7142	-0.0610	1.0830
	(1.2377)	(1.0264)	(0.7728)	(1.0470)
$\hat{\delta}_1$	-9.8492**	-3.7245*	6.5613*	-5.8931*
	(4.9588)	(2.1720)	(3.4741)	(3.3255)
$\hat{\gamma}$	-0.7277	0.5804	-0.7277	0.5804
个体固定效应	控制	控制	控制	控制
时间固定效应	控制	控制	控制	控制
样本量	878	878	878	878

注：模型（1）~模型（4）中的 RISK 分别为 ER、PR、FR 和 CR。$\hat{\beta}_1$ 代表在低股票市场发展区制下，RISK×LnSUB 对可再生能源企业财务绩效的影响；$\hat{\beta}_2$ 代表在高股票市场发展区制下，RISK×LnSUB 对可再生能源企业财务绩效的影响。***、**和*分别代表1%、5%和10%的显著性水平，括号内为标准误。

表5-14报告的民营可再生能源企业样本的估计结果表明，在高股票市场发展区制下，模型（1）和模型（2）的结果显示，政府补贴对经济风险指数和民营可再生能源企业财务绩效之间关系及政治风险指数和企业财务绩效之间关系的调节作用会减弱。而模型（3）的结果显示，政府补贴对金融风险指数和民营可再生能源企业财务绩效之间关系的调节作用会增强。另外，与银行业发展指标作为门槛变量的结果不同，模型（4）的估计结果显示，在更稳定的综合环境中，较高水平的股票市场发展减小了政府补贴对民营可再生能源企业财务绩效的影响。

　　从表5-13和表5-14的估计结果可以看出，在较高水平的股票市场发展下，政府补贴在稳定的经济、政治和综合风险环境中对民营可再生能源企业财务绩效的影响减小，而政府补贴在稳定的金融环境中对可再生能源企业绩效的影响增大。这表明在更稳定的环境风险环境和较高的股票市场发展水平下，政府补贴可能会改善民营可再生能源企业的财务绩效。

　　表5-15和表5-16分别报告了当综合金融发展指标作为门槛变量时，国有和民营可再生能源企业样本的估计结果。

表5-15　国有可再生能源企业样本以综合金融发展指标为门槛变量的 ROA 估计结果

模型	（1）	（2）	（3）	（4）
$\hat{\beta}_1$	−0.0030 *** (0.0005)	0.0004 *** (0.0002)	−0.0018 ** (0.0009)	−0.0006 * (0.0004)
$\hat{\beta}_2$	−0.0028 *** (0.0006)	0.0005 *** (0.0002)	−0.0019 ** (0.0009)	−0.0007 * (0.0004)
ROA（−1）	−0.2701 *** (0.0077)	−0.0867 *** (0.0052)	−0.0806 ** (0.0370)	−0.0917 *** (0.0312)
RISK	0.0637 *** (0.0224)	−0.0333 *** (0.0091)	0.1352 ** (0.0654)	−0.0190 (0.0204)
LnSUB	0.1165 *** (0.0228)	−0.0301 *** (0.0102)	0.0845 ** (0.0426)	0.0482 * (0.0284)
SIZE	−0.1759 *** (0.0111)	−0.0049 *** (0.0017)	−0.0315 *** (0.0098)	−0.0038 (0.0045)
LnAGE	0.2798 *** (0.0818)	0.0311 *** (0.0067)	0.0613 ** (0.0300)	0.0221 (0.0139)

续表

模型	（1）	（2）	（3）	（4）
TOP	0.9837 *** （0.0492）	0.0511 *** （0.0079）	0.1540 *** （0.0362）	0.0493 *** （0.0174）
LEV	−0.1792 *** （0.0319）	−0.1699 *** （0.0106）	−0.1400 *** （0.0396）	−0.1641 *** （0.0246）
STAFF	−0.6722 （0.6317）	−1.8462 *** （0.2542）	−1.6165 ** （0.7694）	−1.5468 *** （0.2985）
GDPG	−1.1354 （1.8472）	−0.4917 （0.3755）	−9.3514 * （5.4536）	2.7788 ** （1.3041）
INF	0.3259 （0.2954）	0.5860 * （0.3167）	2.2712 ** （1.0185）	0.6878 ** （0.2778）
TRADE	0.1268 （0.1169）	0.0269 （0.1265）	−0.0848 （0.1538）	−0.1724 （0.1358）
$\hat{\delta}_1$	0.5205 （0.6271）	2.5038 *** （0.6943）	−4.5680 * （2.4739）	1.4186 （1.3975）
$\hat{\gamma}$	−0.5650	−0.5650	−2.5656	−2.5656
个体固定效应	控制	控制	控制	控制
时间固定效应	控制	控制	控制	控制
样本量	771	771	771	771

注：模型（1）~模型（4）中的 RISK 分别为 ER、PR、FR 和 CR。$\hat{\beta}_1$ 代表在低综合金融发展区制下，RISK×LnSUB 对可再生能源企业财务绩效的影响；$\hat{\beta}_2$ 代表在高综合金融发展区制下，RISK×LnSUB 对可再生能源企业财务绩效的影响。***、** 和 * 分别代表 1%、5% 和 10% 的显著性水平，括号内为标准误。

表 5-16　民营可再生能源企业样本以综合金融发展指标为门槛变量的 ROA 估计结果

模型	（1）	（2）	（3）	（4）
$\hat{\beta}_1$	0.0041 （0.0031）	−0.0025 ** （0.0011）	0.0151 ** （0.0071）	−0.0034 * （0.0018）
$\hat{\beta}_2$	0.0054 * （0.0032）	−0.0024 * （0.0013）	0.0157 ** （0.0071）	−0.0033 * （0.0019）
ROA（−1）	−0.1786 *** （0.0571）	−0.2398 *** （0.0765）	−0.1876 *** （0.0625）	−0.2387 *** （0.0768）
RISK	−0.0698 （0.0508）	0.0526 （0.0331）	−0.2199 ** （0.1035）	0.0254 （0.0454）

续表

模型	（1）	（2）	（3）	（4）
LnSUB	−0.1676 （0.1264）	0.1764 ** （0.0764）	−0.7138 ** （0.3362）	0.2798 * （0.1426）
SIZE	0.0243 ** （0.0100）	0.0021 （0.0144）	0.0129 （0.0113）	0.0037 （0.0145）
LnAGE	0.0725 *** （0.0209）	0.1221 *** （0.0284）	0.0488 *** （0.0103）	0.1217 *** （0.0285）
TOP	0.0482 ** （0.0204）	0.1046 *** （0.0259）	0.0715 *** （0.0216）	0.1041 *** （0.0261）
LEV	−0.3829 *** （0.0504）	−0.4163 *** （0.0664）	−0.3255 *** （0.0575）	−0.4201 *** （0.0669）
STAFF	−3.7544 *** （0.4242）	−3.5782 *** （0.5898）	−3.2905 *** （0.4836）	−3.5942 *** （0.5927）
GDPG	0.4959 （1.1615）	−0.0189 （1.5216）	0.7878 （1.3214）	0.7649 （1.5959）
INF	−0.5029 （1.0703）	−0.9322 （1.1373）	−0.2444 （1.1802）	−0.3820 （1.5422）
TRADE	−0.2182 （0.6798）	0.1354 （0.9472）	−0.2908 （0.8802）	0.1022 （0.9395）
$\hat{\delta}_1$	2.5735 （2.0149）	−3.7419 （2.3193）	10.3783 ** （4.9522）	−2.2919 （3.4057）
$\hat{\gamma}$	1.4732	0.6550	0.6550	0.6550
个体固定效应	控制	控制	控制	控制
时间固定效应	控制	控制	控制	控制
样本量	878	878	878	878

注：模型（1）~模型（4）中的 RISK 分别为 ER、PR、FR 和 CR。$\hat{\beta}_1$ 代表在低综合金融发展区制下，RISK×LnSUB 对可再生能源企业财务绩效的影响；$\hat{\beta}_2$ 代表在高综合金融发展区制下，RISK×LnSUB 对可再生能源企业财务绩效的影响。*** 、** 和 * 分别代表 1%、5% 和 10% 的显著性水平，括号内为标准误。

　　在表 5-16 报告的民营可再生能源企业样本的估计结果中，模型（1）的结果显示在不同的综合金融发展区制下，经济风险指数和政府补贴的交乘项系数不太显著。在高综合金融发展区制下，模型（3）的结果显示政府补贴对金融风险指数和企业财务绩效之间的关系具有更大的调节作用，而模型（2）和模型

（4）的结果显示政府补贴对政治风险指数和企业财务绩效之间的关系及综合风险指数和企业财务绩效之间的关系具有更小的调节作用。

表5-15和表5-16的估计结果大致表明，当综合金融发展指标作为门槛变量时，在更稳定的国家环境和较高水平的综合金融发展下，政府补贴会改善民营可再生能源企业的财务绩效。在较高水平的综合金融发展下，政府补贴使可再生能源企业更容易通过信号传递效应获得资金（高艳慧等，2012；周文婷和吴一平，2020）。

另外，为检验异质性分析结果的稳健性，下面将企业财务绩效的测量方式更换为股本收益率（ROE）。表5-17至表5-19分别报告了当银行业发展指标、股票市场发展指标和综合金融发展指标作为门槛变量时，国有和民营可再生能源企业样本的估计结果。各变量的估计结果和以 ROA 为被解释变量时的估计结果基本一致，证明前文的估计结果是稳健的。

表 5-17　国有和民营可再生能源企业以银行业发展指标为门槛变量的 ROE 估计结果

国有可再生能源企业				
模型	（1）	（2）	（3）	（4）
$\hat{\beta}_1$	-0.1387^{***} （0.0160）	0.0036^{***} （0.0007）	-0.0802^{***} （0.0239）	-0.0375^{**} （0.0170）
$\hat{\beta}_2$	-0.1405^{***} （0.0163）	0.0037^{***} （0.0007）	-0.0800^{***} （0.0239）	-0.0401^{**} （0.0182）
控制变量	控制	控制	控制	控制
截距项	有	有	有	有
个体固定效应	控制	控制	控制	控制
时间固定效应	控制	控制	控制	控制
样本量	771	771	771	771
民营可再生能源企业				
模型	（5）	（6）	（7）	（8）
$\hat{\beta}_1$	-0.0023 （0.0203）	0.0207^{**} （0.0087）	0.1733^{**} （0.0783）	0.0356^{**} （0.0167）
$\hat{\beta}_2$	-0.0031 （0.0206）	0.0216^{**} （0.0091）	0.1776^{**} （0.0796）	0.0371^{**} （0.0169）

续表

民营可再生能源企业				
模型	（5）	（6）	（7）	（8）
控制变量	控制	控制	控制	控制
截距项	有	有	有	有
个体固定效应	控制	控制	控制	控制
时间固定效应	控制	控制	控制	控制
样本量	878	878	878	878

注：模型（1）和模型（5）中的 RISK 为 ER，模型（2）和模型（6）中的 RISK 为 PR，模型（3）和模型（7）中的 RISK 为 FR，模型（4）和模型（8）中的 RISK 为 CR。$\hat{\beta}_1$ 代表在低银行业发展区制下，RISK×LnSUB 对可再生能源企业财务绩效的影响；$\hat{\beta}_2$ 代表在高银行业发展区制下，RISK×LnSUB 对可再生能源企业财务绩效的影响。企业层控制变量包括 ROE（-1）、RISK、LnSUB、SIZE、LnAGE、TOP、LEV、STAFF、GDPG、INF 和 TRADE，它们的估计结果与前文一致，为使表格简化，此处未报告其结果。*** 和 ** 分别代表 1% 和 5% 的显著性水平，括号内为标准误。

表 5-18　国有和民营可再生能源企业以股票市场发展指标为门槛变量的 ROE 估计结果

国有可再生能源企业				
模型	（1）	（2）	（3）	（4）
$\hat{\beta}_1$	-0.1954*** （0.0269）	-0.0048*** （0.0003）	-0.0736*** （0.0252）	-0.0248** （0.0104）
$\hat{\beta}_2$	-0.1896*** （0.0260）	-0.0074*** （0.0003）	-0.0766*** （0.0250）	-0.0271*** （0.0103）
控制变量	控制	控制	控制	控制
截距项	有	有	有	有
个体固定效应	控制	控制	控制	控制
时间固定效应	控制	控制	控制	控制
样本量	771	771	771	771
民营可再生能源企业				
模型	（5）	（6）	（7）	（8）
$\hat{\beta}_1$	0.2829** （0.1190）	0.0201** （0.0086）	0.1359* （0.0709）	0.0328** （0.0163）
$\hat{\beta}_2$	0.2762** （0.1168）	0.0195** （0.0086）	0.1336* （0.0703）	0.0320** （0.0162）

续表

民营可再生能源企业				
模型	（5）	（6）	（7）	（8）
控制变量	控制	控制	控制	控制
截距项	有	有	有	有
个体固定效应	控制	控制	控制	控制
时间固定效应	控制	控制	控制	控制
样本量	878	878	878	878

注：模型（1）和模型（5）中的 RISK 为 ER，模型（2）和模型（6）中的 RISK 为 PR，模型（3）和模型（7）中的 RISK 为 FR，模型（4）和模型（8）中的 RISK 为 CR。$\hat{\beta}_1$ 代表在低股票市场发展区制下，RISK×LnSUB 对可再生能源企业财务绩效的影响；$\hat{\beta}_2$ 代表在高股票市场发展区制下，RISK×LnSUB 对可再生能源企业财务绩效的影响。企业层控制变量包括 ROE（-1）、RISK、LnSUB、SIZE、LnAGE、TOP、LEV、STAFF、GDPG、INF 和 TRADE，它们的估计结果与前文一致，为使表格简化，此处未报告其结果。***、** 和 * 分别代表 1%、5% 和 10% 的显著性水平，括号内为标准误。

表 5-19　国有和民营可再生能源企业以综合金融发展指标为门槛变量的 ROE 估计结果

国有可再生能源企业				
模型	（1）	（2）	（3）	（4）
$\hat{\beta}_1$	-0.1132*** （0.0166）	-0.0033*** （0.0003）	-0.0701*** （0.0256）	-0.0375** （0.0170）
$\hat{\beta}_2$	-0.1140*** （0.0165）	-0.0037*** （0.0004）	-0.0716*** （0.0253）	-0.0401** （0.0182）
控制变量	控制	控制	控制	控制
截距项	有	有	有	有
个体固定效应	控制	控制	控制	控制
时间固定效应	控制	控制	控制	控制
样本量	771	771	771	771
民营可再生能源企业				
模型	（5）	（6）	（7）	（8）
$\hat{\beta}_1$	0.0069 （0.0188）	-0.0077* （0.0039）	0.0175 （0.0225）	-0.0152* （0.0084）
$\hat{\beta}_2$	0.0067 （0.0191）	-0.0094** （0.0044）	0.0173 （0.0226）	-0.0172* （0.0090）

续表

民营可再生能源企业				
模型	（5）	（6）	（7）	（8）
控制变量	控制	控制	控制	控制
截距项	有	有	有	有
个体固定效应	控制	控制	控制	控制
时间固定效应	控制	控制	控制	控制
样本量	878	878	878	878

注：模型（1）和模型（5）中的 RISK 为 ER，模型（2）和模型（6）中的 RISK 为 PR，模型（3）和模型（7）中的 RISK 为 FR，模型（4）和模型（8）中的 RISK 为 CR。$\hat{\beta}_1$ 代表在低综合金融发展区制下，RISK×LnSUB 对可再生能源企业财务绩效的影响；$\hat{\beta}_2$ 代表在高综合金融发展区制下，RISK×Ln-SUB 对可再生能源企业财务绩效的影响。企业层控制变量包括 ROE（-1）、RISK、LnSUB、SIZE、LnAGE、TOP、LEV、STAFF、GDPG、INF 和 TRADE，它们的估计结果与前文一致，为使表格简化，此处未报告其结果。***、** 和 * 分别代表 1%、5% 和 10% 的显著性水平，括号内为标准误。

第五节　小结

本章采用动态面板门槛模型和多维度的金融发展指标（包括银行业发展指标、股票市场发展指标和综合金融发展指标），研究在不同的金融发展区制下，政府补贴对环境风险和可再生能源企业财务绩效之间关系的调节作用的变化，主要得出如下结论：

第一，较高水平的银行业发展减弱了政府补贴对综合风险指数和企业财务绩效之间关系的调节作用，加强了政府补贴对经济风险指数（或金融风险指数）和企业财务绩效之间关系的调节作用，也加强了政府补贴对政治风险指数和企业财务绩效之间关系的调节作用。

第二，较高水平的股票市场发展加强了政府补贴对政治风险指数和企业财务绩效之间关系的正向调节作用。

第三，较高水平的综合金融发展加强了政府补贴对综合风险指数（或政治风险指数）和企业财务绩效之间关系的正向调节作用。

第四，在不同金融发展的区制下，环境风险、政府补贴和可再生能源企业财务绩效之间的关系会随着所有权属性的不同而变化。对于国有可再生能源企业，较高水平的银行业发展加强了政府补贴对政治风险指数和企业财务绩效之间关系的正向调节作用。另外，在更稳定的国家环境和较高水平的综合金融发展下，政府补贴会改善民营可再生能源企业的财务绩效。

通过以上研究可知，政府应全面考虑政府补贴、环境风险和金融发展的交互作用对可再生能源企业财务绩效的影响。第一，要充分发挥政府补贴对可再生能源企业财务绩效的促进作用，政府不仅要制定科学的补贴政策，还要创造稳定的国家风险环境，并提高金融发展水平，稳定的国家风险环境和较高的金融发展水平有助于政府补贴对可再生能源企业财务绩效促进作用的实现。第二，政府应适当引导投资者和银行机构对可再生能源行业进行合理投资，加强对可再生能源企业使用补贴的监督，以实现政府补贴、稳定的外部环境和金融发展对可再生能源企业财务绩效的协同促进作用。第三，政府应充分重视银行业的发展和股票市场的发展，以促进国家整体金融发展水平的提高，为可再生能源企业提供多元化的融资渠道。第四，政府也应注意不同的补贴政策、外部风险环境、金融发展水平的变化给国有和民营可再生能源企业财务绩效带来的不同影响，并提供针对性的支持政策。

第六章　结论和政策建议

第一节　主要结论

近几十年，化石燃料和其他不可再生的自然资源逐渐短缺，环境污染日益严重。为应对能源危机、减少环境污染和促进社会经济的可持续发展，中国将发展可再生能源产业作为重要的战略目标。可再生能源产业的发展水平取决于企业的微观经济表现，所以研究影响可再生能源企业财务绩效的因素至关重要。由于当前中国经济的快速发展和变革，可再生能源企业面临复杂的外部环境因素，因此，本书主要研究环境风险和政府补贴对中国可再生能源企业财务绩效的影响。

首先，本书采用多维度的环境风险指数和两步差分 GMM 方法，考察环境风险（包括经济风险、金融风险、政治风险和综合风险）对中国可再生能源企业财务绩效的影响，以及政府补贴对环境风险与企业财务绩效之间关系的调节作用。其次，本书采用分位数回归估计方法，探讨环境风险和政府补贴对不同绩效水平的可再生能源企业财务绩效的影响，以及政府补贴对环境风险和不同绩效水平的可再生能源企业财务绩效之间关系的调节作用。最后，本书采用多维度的金融发展指标和动态面板门槛模型，探讨在不同的金融发展水平下，政府补贴对环境风险和可再生能源企业财务绩效之间关系的调节作用的变化。

本书主要得出以下结论：关于环境风险和政府补贴对可再生能源企业财务绩效的影响，首先，不同类型的环境风险对中国可再生能源企业财务绩效的影响不同。经济风险指数和金融风险指数对可再生能源企业的财务绩效具有正向影响，而政治风险指数和综合风险指数对可再生能源企业的财务绩效具有负向影响。其次，政府补贴对环境风险与可再生能源企业财务绩效之间的关系的调节作用不显著。最后，政府补贴、环境风险和可再生能源企业财务绩效之间的关系因不同的所有权属性而不同。政府补贴对环境风险与国有可再生能源企业财务绩效之间的关系具有正向调节作用，对政治风险指数（或综合风险指数）与民营可再生能源企业财务绩效之间的关系具有正向调节作用。

关于环境风险和政府补贴对不同绩效水平的可再生能源企业财务绩效的影响，本书发现，首先，不同类型的环境风险在各分位点对可再生能源企业的财务绩效具有不同的影响。经济风险指数对绩效水平较低和较高的可再生能源企业的财务绩效分别具有负向和正向影响，金融风险指数对不同绩效水平的可再生能源企业都具有正向影响，政治风险指数和综合风险指数在各分位点都正向影响可再生能源企业的财务绩效，但绩效最差的可再生能源企业除外。其次，政府补贴正向影响绩效水平较低的可再生能源企业的财务绩效。此外，政府补贴在各分位点都对经济风险指数和可再生能源企业财务绩效之间的关系具有正向调节作用。除绩效最好和绩效最差的可再生能源企业外，政府补贴在其他各分位点都对金融风险指数和可再生能源企业财务绩效之间的关系具有正向调节作用。最后，在各分位点，政府补贴对环境风险和可再生能源企业财务绩效之间关系的调节作用随着所有权属性的变化而不同。对于国有可再生能源企业，补贴在各分位点对金融风险指数与绩效最好的企业之间的关系具有正向影响。对于民营可再生能源企业，补贴对经济风险指数与企业绩效（绩效最好和最差的企业除外）之间的关系具有正向影响。

关于在不同的金融发展水平下，环境风险和政府补贴对可再生能源企业财务绩效的交互影响，本书发现，首先，较高水平的银行业发展加强了政府补贴对政治风险指数和企业财务绩效之间关系的正向调节作用。其次，较高水平的股票市场发展加强了政府补贴对政治风险指数和企业财务绩效之间关系的正向调节作用。再次，较高水平的综合金融发展加强了政府补贴对综合风险指数（或政治风险指数）和企业财务绩效之间关系的正向调节作用，减弱了政府补贴对经济风险指数（或金融风险指数）和企业财务绩效之间关系的调节作用。最后，在不同的金融发展水平下，环境风险、政府补贴和可再生能源企业财务绩效之间的关系会随所有权属性的不同而变化。在更稳定的国家环境和较高水平的综合金融发展下，政府补贴对国有可再生能源企业的财务绩效的影响小于对民营可再生能源企业的财务绩效的影响。

第二节　政策建议

通过以上研究，可以得出如下政策建议：

第一，本书证实了稳定的经济和金融环境对可再生能源企业的发展具有重要作用，可再生能源企业应建立风险管理体系以增强抵御外部风险的能力。在制定经营战略时，还应考虑外部环境风险以及融资环境，根据外部风险的变化和金融市场的变化及时调整经营和投资战略。

第二，政府应继续努力为可再生能源企业提供稳定的经济和金融环境，促进需求市场的稳定，开拓金融渠道，保持政策稳定。政府也要推进电力管理体制改革，形成有利于可再生能源企业发展的市场机制。政府还应完善信息发布制度，为可再生能源企业提供准确、权威的行业产能和产能利用率信息，同时也应转变行业监管方式，着力提供信息服务和公共服务。

第三，政府应全面考虑政府补贴、环境风险和金融发展的交互作用对可再生能源企业财务绩效的影响。要充分发挥政府补贴对可再生能源企业财务绩效的促进作用，政府不仅要制定科学的补贴政策，还要创造稳定的国家环境，并提高金融发展水平，稳定的国家环境和较高的金融发展水平有助于政府补贴对可再生能源企业财务绩效促进作用的实现。政府应适当引导投资者和银行机构对可再生能源行业进行合理投资，加强对可再生能源企业使用补贴的监督，以实现政府补贴、稳定的国家环境和金融发展对可再生能源企业财务绩效的协同促进作用。政府应充分重视银行业的发展和股票市场的发展，以促进国家整体金融发展水平的提高，为可再生能源企业提供多元化的融资渠道。

第四，政府应关注外部环境风险对不同绩效水平的可再生能源企业的影响，尽量维持经济、金融和政治环境的稳定，充分发挥稳定的外部环境对可再生能源企业财务绩效的促进作用，同时也要注意外部环境波动对绩效最差的可再生能源企业带来的不利影响。政府应加强对绩效水平较高的可再生能源企业补贴使用的监管，同时可以适当增加对绩效水平较低的可再生能源企业的补贴。在制定补贴政策等相关经济政策时，应针对不同绩效水平的可再生能源企业制定不同的方案，特别是对于绩效最好和绩效最差的可再生能源企业应给予更多的关注。同时，政府也应注意不同的补贴政策、外部环境的变化，金融发展水平的变化为国有和民营可再生能源企业财务绩效带来的不同影响。

第三节　本书的不足和改进方向

本书深入研究了环境风险和政府补贴对中国可再生能源企业财务绩效的影响，具有重要的理论和现实意义，但也存在一些问题，需要进一步改进。

第一，本书主要考虑了衡量环境风险不同方面的四个指数，包括经济风险、金融风险、政治风险和综合风险指数，对可再生能源企业财务绩效的影响。这四个风险指数分别由多个子风险成分综合构成，但本书并未考虑这些子风险成分的影响。未来的研究可以考虑探讨每种风险指数中子风险成分的影响，考察不同子风险成分对可再生能源企业财务绩效的不同影响程度，从而使对环境风险和可再生能源企业财务绩效之间关系的探讨更全面，使结论更有针对性。

第二，本书主要考察了外部因素对可再生能源企业财务绩效的交互影响，虽然有考虑企业层面的控制变量，但并未考虑企业内部因素和外部因素之间的交互影响。未来的研究可以进一步探讨企业内部因素和外部因素对可再生能源企业财务绩效的交互影响，如环境风险和企业规模、年龄、杠杆比率等对可再生能源企业财务绩效的交互影响，或金融发展和企业规模、年龄、杠杆比率等对可再生能源企业财务绩效的交互影响。

参考文献

［1］高冰，王延章．管理者政治关联、制度环境与企业绩效间关系的实证研究［J］．技术经济，2014，33（11）：116-122+132.

［2］高艳慧，万迪昉，蔡地．政府研发补贴具有信号传递作用吗？——基于我国高技术产业面板数据的分析［J］．科学学与科学技术管理，2012，33（1）：5-11.

［3］何文剑，苗妙，张红霄．制度环境、企业家精神配置与企业绩效——来自中国制造业上市公司的经验证据［J］．山东大学学报（哲学社会科学版），2019（4）：40-54.

［4］何文韬，肖兴志．进入波动、产业震荡与企业生存——中国光伏产业动态演进研究［J］．管理世界，2018（1）：114-126.

［5］胡宗彪，滕泽伟，黄扬嘉．汇率水平、汇率波动对企业绩效的影响——中国服务企业与商品企业的表现相同吗？［J］．经济与管理研究，2019，40（2）：47-69.

［6］黄新建，张德勤．经济周期、议价能力与企业绩效——基于中小板和创业板制造业企业的实证研究［J］．软科学，2017，31（1）：49-52+57.

［7］金碚，龚健健．经济走势、政策调控及其对企业竞争力的影响——基于中国行业面板数据的实证分析［J］．中国工业经济，2014（3）：5-17.

［8］李倩，邹国庆，郭杰．转型经济下的公司企业家精神与企业绩效——制度环境与技术型高管的调节作用［J］．山东社会科学，2019（5）：143-148.

［9］李维光，徐二明．制度环境变化与创业企业绩效——基于新三板企业的实证研究［J］．管理现代化，2020，40（2）：46-48.

［10］连立帅，陈超，米春蕾．吃一堑会长一智吗？——基于金融危机与经济刺激政策影响下企业绩效关联性的研究［J］．管理世界，2016（4）：111-126.

［11］林毅夫，巫和懋，邢亦青．"潮涌现象"与产能过剩的形成机制［J］．经济研究，2010，45（10）：4-19.

［12］卢馨，何小华，戴歆婷，丁艳平．金融发展、政府补贴与企业研发投入——来自战略性新兴产业上市公司的经验证据［J］．首都经济贸易大学学报，2018，20（1）：49-58.

［13］陆国庆，王舟，张春宇．中国战略性新兴产业政府创新补贴的绩效研究［J］．经济研究，2014，49（7）：44-55.

［14］潘越，戴亦一，李财喜．政治关联与财务困境公司的政府补助——来自中国ST公司的经验证据［J］．南开管理评论，2009（5）：6-17.

［15］权圣容，吴贵生，格佛海．不确定环境下多元化战略对企业绩效的影响——以韩国企业集团为例［J］．科研管理，2012，33（3）：89-95+112.

［16］沈筠彬，伏玉林，丁锐．人民币实际有效汇率变动对中国制造业企业绩效的影响：来自制造业微观层面的证据［J］．世界经济研究，2018（5）：25-36.

［17］史丹．我国新能源产能"过剩"的原因与解决途径［J］．中国能源，2012，34（9）：5-8+30.

［18］苏坤．制度环境、产权性质与公司绩效［J］．云南财经大学学报，2012，28（4）：129-138.

［19］孙一，牟莉莉，陈广山．政府补贴如何促进中小企业成长——外部融资及内部研发投入的中介作用［J］．新疆社会科学，2021（6）：42-56+170.

［20］汤颖梅，王明玉．政府研发补贴对高新技术企业研发支出的影响——基于企业生命周期理论［J］．企业经济，2016，35（11）：73-78.

［21］唐清泉，罗党论．政府补贴动机及其效果的实证研究——来自中国上市公司的经验证据［J］．金融研究，2007（6A）：149-163.

［22］王遂昆，郝继伟．政府补贴、税收与企业研发创新绩效关系研究［J］．科技进步与对策，2014（9）：92-96.

［23］王文华，张卓．金融发展、政府补贴与研发融资约束——来自A股高

新技术上市公司的经验证据［J］. 经济与管理研究，2013（11）：51-57.

［24］吴国鼎. 企业有效汇率变动对企业利润的影响［J］. 世界经济，2017，40（5）：49-72.

［25］吴金南，黄丽华. 信息技术能力、环境不确定性与财务绩效——来自经济下行时期中国上市公司的经验证据［J］. 当代财经，2014（5）：69-80.

［26］吴莉昀. 金融危机传导渠道、政府补助与企业绩效研究——来自中国上市公司的经验证据［J］. 经济问题探索，2019（3）：40-50.

［27］徐明亮，袁天荣，许汝俊. 交错董事会、制度环境与公司绩效［J］. 现代财经（天津财经大学学报），2018，38（5）：101-113.

［28］杨得前，刘仁济. 税式支出、财政补贴的转型升级激励效应——来自大中型工业企业的经验证据［J］. 税务研究，2017（7）：87-93.

［29］余汉，蒲勇健，宋增基. 企业家隐性政治资本、制度环境与企业绩效——来自中国民营上市公司的经验证据［J］. 经济经纬，2017，34（2）：105-110.

［30］余明桂，回雅甫，潘红波. 政治联系、寻租与地方政府财政补贴有效性［J］. 经济研究，2010，45（3）：65-77.

［31］余英，张丹丹. 财政补贴、金融发展对技术创新两阶段影响——基于高新技术企业的研究［J］. 地方财政研究，2018（7）：65-73.

［32］俞金红，于明超. 财政补贴、寻租成本与新能源企业经营绩效［J］. 软科学，2019，33（11）：59-63.

［33］袁显平，颜桐. 公司特征、制度环境与企业绩效——以我国新能源上市公司为例［J］. 改革与战略，2019，35（9）：116-124.

［34］曾爱民，张纯，魏志华. 金融危机冲击、财务柔性储备与企业投资行为——来自中国上市公司的经验证据［J］. 管理世界，2013（4）：107-120.

［35］曾爱民，张纯，朱朝晖. 西方财务柔性理论最新研究进展［J］. 商业经济与管理，2014（10）：43-54.

［36］张会恒. 论产业生命周期理论［J］. 财贸研究，2004（6）：7-11.

［37］张辽，王俊杰. 环境适应性、集聚特征与企业生存——来自中国工业企业面板数据的实证分析［J］. 山西财经大学学报，2020，42（1）：72-84.

[38] 张倩, 张玉喜. 区域金融发展、企业财务柔性与研发投入——以中小企业为例 [J]. 科研管理, 2020, 41 (7): 79-88.

[39] 张天舒, 黄俊. 金融危机下产权性质与企业绩效的研究 [J]. 浙江社会科学, 2016 (8): 48-59+157-158.

[40] 赵璨, 王竹泉, 杨德明, 曹伟. 企业迎合行为与政府补贴绩效研究——基于企业不同盈利状况的分析 [J]. 中国工业经济, 2015 (7): 130-145.

[41] 甄红线, 张先治, 迟国泰. 制度环境、终极控制权对公司绩效的影响——基于代理成本的中介效应检验 [J]. 金融研究, 2015 (12): 162-177.

[42] 郑琼娥, 雷国铨, 许安心. 经济政策不确定性、财务柔性与企业创新绩效的实证 [J]. 统计与决策, 2018, 34 (18): 164-167.

[43] 周文婷, 吴一平. 基于财政补贴视角的隐性担保对信贷约束的影响 [J]. 财政研究, 2020 (10): 42-56.

[44] 周亚虹, 蒲余路, 陈诗一, 方芳. 政府扶持与新型产业发展——以新能源为例 [J]. 经济研究, 2015, 50 (6): 147-161.

[45] 周阳敏, 赵亚莉. 制度环境、制度资本与企业绩效关系的实证检验 [J]. 统计与决策, 2019, 35 (22): 180-183.

[46] 周琢, 陈钧浩. 出口退税和汇率变动对中国出口企业利润率的影响 [J]. 世界经济, 2016, 39 (12): 95-120.

[47] 邹国庆, 董振林. 管理者社会资本与创新绩效: 制度环境的调节作用 [J]. 理论探讨, 2015 (6): 86-90.

[48] Abadie A., Gardeazabal J. The economic costs of conflict: A case study of the basque country [J]. American Economic Review, 2003, 93 (1): 113-132.

[49] Abanda F. H., Ng'ombe A., Keivani R., Tah J. H. The link between renewable energy production and gross domestic product in Africa: A comparative study between 1980 and 2008 [J]. Renewable and Sustainable Energy Reviews, 2012, 16 (4): 2147-2153.

[50] Akinci G. Y., Akinci M., Yilmaz Ö. Financial development–economic growth nexus: A panel data analysis upon OECD countries [J]. Hitotsubashi Journal of Economics, 2014 (55): 33-50.

［51］ Akintande O. J. , Olubusoye O. E. , Adenikinju A. F. , Olanrewaju B. T. Modeling the determinants of renewable energy consumption: Evidence from the five most populous nations in Africa ［J］. Energy, 2020 （206）: 1–12.

［52］ Ali M. , Ibrahim P. Inflation and companies' performance: A cross-sectional analysis ［J］. Advanced Science Letters, 2018, 24 （6）: 4750–4755.

［53］ Angelopoulos D. , Doukas H. , Psarras J. , Stamtsis G. Risk-based analysis and policy implications for renewable energy investments in Greece ［J］. Energy Policy, 2017 （105）: 512–523.

［54］ Anton S. G. , Nucu A. E. The effect of financial development on renewable energy consumption. A panel data approach ［J］. Renewable Energy, 2020 （147）: 330–338.

［55］ Apergis N. , Payne J. E. The causal dynamics between renewable energy, real GDP, emissions and oil prices: Evidence from OECD countries ［J］. Applied Economics, 2014, 46 （36）: 4519–4525.

［56］ Arellano M. , Bover O. Another look at the instrumental variable estimation of error-components models ［J］. Journal of Econometrics, 1995, 68 （1）: 29–51.

［57］ Balsmeier B. , Czarnitzki D. Ownership concentration, institutional development and firm performance in Central and Eastern Europe ［J］. Managerial and Decision Economics, 2015, 38 （2）: 178–192.

［58］ Barradale M. J. Impact of public policy uncertainty on renewable energy investment: Wind power and the production tax credit ［J］. Energy Policy, 2010, 38 （12）: 7698–7709.

［59］ Bas M. , Berthou A. Financial development, reallocation and growth: Firm heterogeneity matters ［J］. The World Economy, 2021, 44 （5）: 1205–1231.

［60］ Bayale N. , Ali E. , Tchagnao A. F. , Nakumuryango A. Determinants of renewable energy production in WAEMU countries: New empirical insights and policy implications ［J］. International Journal of Green Energy, 2021, 18 （6）: 602–614.

［61］ Beaumont Smith M. , N'Cho-Oguie C. , Murray L. W. , Blakley D. The impact of inflation on the growth of firms in South Africa ［J］. Management Dynamics:

Journal of the Southern African Institute for Management Scientists, 2015, 14 (1): 29–34.

[62] Belaïd F., Elsayed A. H., Omri A. Key drivers of renewable energy deployment in the MENA Region: Empirical evidence using panel quantile regression [J]. Structural Change and Economic Dynamics, 2021 (57): 225–238.

[63] Bergström F. Capital subsidies and the performance of firms [J]. Small Business Economics, 2000, 14 (3): 183–193.

[64] Blau B. M., Brough T. J., Thomas D. W. Corporate lobbying, political connections, and the bailout of banks [J]. Journal of Banking & Finance, 2013, 37 (8): 3007–3017.

[65] Bonaccorsi di Patti E. Weak institutions and credit availability: The impact of crime on bank loans [EB/OL]. https: //api. semanticscholar. org/Corpus ID: 16364303.

[66] Boubakri N., Cosset J. C., Saffar W. Political connections of newly privatized firms [J]. Journal of Corporate Finance, 2008, 14 (5): 654–673.

[67] Brunnschweiler C. N. Finance for renewable energy: An empirical analysis of developing and transition economies [J]. Environment and Development Economics, 2010, 15 (3): 241–274.

[68] Caner M., Hansen B. E. Instrumental variable estimation of a threshold model [J]. Econometric Theory, 2004 (20): 813–843.

[69] Chi-Chuan Lee, Chien-Chiang Lee. Oil price shocks and Chinese banking performance: Do country risks matter? [J]. Energy Economics, 2019 (77): 46–53.

[70] Chadee D., Roxas B. Institutional environment, innovation capacity and firm performance in Russia [J]. Critical Perspectives on International Business, 2013 (9): 19–39.

[71] Chang K., Wan Q., Lou Q., Chen Y., Wang W. Green fiscal policy and firms' investment efficiency: New insights into firm-level panel data from the renewable energy industry in China [J]. Renewable Energy, 2020 (151): 589–597.

[72] Chang T. H., Huang C. M., Lee M. C. Threshold effect of the economic growth rate on the renewable energy development from a change in energy price: Evi-

dence from OECD countries [J]. Energy Policy, 2009, 37 (12): 5796-5802.

[73] Chauvet L. , Jacolin L. Financial inclusion, bank concentration, and firm performance [J]. World Development, 2017 (97): 1-13.

[74] Chen Y. , Ma Y. Does green investment improve energy firm performance? [J]. Energy Policy, 2021 (153): 1-11.

[75] Chen Y. , Wang J. , Zhu J. , Sherman H. D. , Chou S. Y. How the great recession affects performance: A case of Pennsylvania hospitals using DEA [J]. Annals of Operations Research, 2019, 278 (1): 77-99.

[76] Cheong C. , Hoang H. V. Macroeconomic factors or firm-specific factors? An examination of the impact on corporate profitability before, during and after the global financial crisis [J]. Cogent Economics & Finance, 2021, 9 (1): 1-24.

[77] Chiu Y. B. , Lee C. C. Effects of financial development on energy consumption: The role of country risks [J]. Energy Economics, 2020 (90): 1-22.

[78] Claessens S. , Tong H. , Wei S. J. From the financial crisis to the real economy: Using firm-level data to identify transmission channels [J]. Journal of International Economics, 2012, 88 (2): 375-387.

[79] Deka A. , Dube S. Analyzing the causal relationship between exchange rate, renewable energy and inflation of Mexico (1990-2019) with ARDL bounds test approach [J]. Renewable Energy Focus, 2021 (37): 78-83.

[80] Dimic N. , Orlov V. , Piljak V. The political risk factor in emerging, frontier, and developed stock markets [J]. Finance Research Letters, 2015 (15): 239-245.

[81] Dogan E. , Inglesi-Lotz R. , Altinoz B. Examining the determinants of renewable energy deployment: Does the choice of indicator matter? [J]. International Journal of Energy Research, 2021, 45 (6): 8780-8793.

[82] Dosi G. , Fagiolo G. , Napoletano M. , Roventini A. , Treibich T. Fiscal and monetary policies in complex evolving economies [J]. Journal of Economic Dynamics and Control, 2015 (52): 166-189.

[83] Du J. , Mickiewicz T. Subsidies, rent seeking and performance: Being

young, small or private in China [J]. Journal of Business Venturing, 2016, 31 (1):
22-38.

[84] Eren B. M. , Taspinar N. , Gokmenoglu K. K. The impact of financial de-
velopment and economic growth on renewable energy consumption: Empirical analysis of
India [J]. Science of the Total Environment, 2019 (663): 189-197.

[85] Erfani A. , Tavakolan M. Risk evaluation model of wind energy investment
projects using modified fuzzy group decision – making and monte carlo simulation
[J]. Arthaniti: Journal of Economic Theory and Practice, 2020, 22 (1): 7-33.

[86] Faccio M. , Masulis R. W. , McConnell J. J. Political connections and cor-
porate bailouts [J]. The Journal of Finance, 2006, 61 (6): 2597-2635.

[87] Fafchamps M. , Schündeln M. Local financial development and firm perfor-
mance: Evidence from Morocco [J]. Journal of Development Economics, 2013 (103):
15-28.

[88] Faruq H. A. , Weidner M. L. Culture, institutions, and firm performance
[J]. Eastern Economic Journal, 2018, 44 (4): 519-534.

[89] Florea N. M. , Bǎdîrcea R. M. , Meghisan-Toma G. M. , et al. Linking
public finances' performance to renewable-energy consumption in emerging economies
of the European Union [J]. Sustainability, 2021, 13 (11): 1-14.

[90] Florio C. , Leoni G. Enterprise risk management and firm performance: The
Italian case [J]. The British Accounting Review, 2017, 49 (1): 56-74.

[91] Francis B. B. , Hasan I. , Sun X. Political connections and the process of
going public: Evidence from China [J]. Journal of International Money and Finance,
2009, 28 (4): 696-719.

[92] Gamba A. , Triantis A. The value of financial flexibility [J]. The Journal of
Finance, 2008, 63 (5): 2263-2296.

[93] Gatzert N. , Kosub T. Risks and risk management of renewable energy pro-
jects: The case of onshore and offshore wind parks [J]. Renewable and Sustainable
Energy Reviews, 2016 (60): 982-998.

[94] Gaviria A. Assessing the effects of corruption and crime on firm perfor-

mance: Evidence from Latin America [J]. Emerging Markets Review, 2002, 3 (3): 245-268.

[95] Gonenc H., Aybar C. B. Financial crisis and firm performance: Empirical evidence from Turkey [J]. Corporate Governance: An International Review, 2006, 14 (4): 297-311.

[96] Gort M., Klepper S. Time paths in the diffusion of product innovations [J]. The Economic Journal, 1982, 92 (367): 630-653.

[97] Guidolin M., La Ferrara E. Diamonds are forever, wars are not: Is conflict bad for private firms? [J]. American Economic Review, 2007, 97 (5): 1978-1993.

[98] Guo F., Zou B., Zhang X., Bo Q., Li K. Financial slack and firm performance of SMMEs in China: Moderating effects of government subsidies and market-supporting institutions [J]. International Journal of Production Economics, 2020 (223): 1-10.

[99] Guo Y., Li J., Li Y., You W. The roles of political risk and crude oil in stock market based on quantile cointegration approach: A comparative study in China and US [J]. Energy Economics, 2021 (97): 1-24.

[100] Gupta K. Do economic and societal factors influence the financial performance of alternative energy firms? [J]. Energy Economics, 2017 (65): 172-182.

[101] Hansen B. E. Threshold effects in non-dynamic panels: Estimation, testing, and inference [J]. Journal of Econometrics, 1999, 93 (2): 345-368.

[102] Hansen E., Nybakk E., Panwar R. Firm performance, business environment, and outlook for social and environmental responsibility during the economic downturn: Findings and implications from the forest sector [J]. Canadian Journal of Forest Research, 2013, 43 (12): 1137-1144.

[103] Haschka R. E., Herwartz H., Struthmann P., Tran V. T., Walle Y. M. The joint effects of financial development and the business environment on firm growth: Evidence from Vietnam [J]. Journal of Comparative Economics, 2022, 50 (2): 486-506.

[104] Hofman D. M., Huisman R. Did the financial crisis lead to changes in

private equity investor preferences regarding renewable energy and climate policies? [J]. Energy Policy, 2012 (47): 111-116.

[105] Hosny A. Firm performance and their perception of political instability in egypt: Evidence from an endogenous treatment regression model [J]. Journal of African Development, 2018, 20 (2): 61-68.

[106] Hossain M. , Yoshino N. , Taghizadeh-Hesary F. Optimal branching strategy, local financial development, and SMEs' performance [J]. Economic Modelling, 2021 (96): 421-432.

[107] Irawan D. , Okimoto T. Overinvestment and macroeconomic uncertainty: Evidence from renewable and non-renewable resource firms [J]. Journal of Economic Dynamics and Control, 2021 (126): 1-23.

[108] Ivanovski K. , Marinucci N. Policy uncertainty and renewable energy: Exploring the implications for global energy transitions, energy security, and environmental risk management [J]. Energy Research & Social Science, 2021 (82): 1-9.

[109] Iwasaki I. , Kočenda E. , Shida Y. Institutions, financial development, and small business survival: Evidence from European emerging markets [J]. Small Business Economics, 2021, 58 (3): 1261-1283.

[110] Jappelli T. , Pagano M. , Bianco M. Courts and banks: Effects of judicial enforcement on credit markets [J]. Journal of Money, Credit and Banking, 2005, 37 (2): 223-44.

[111] Ji Q. , Zhang D. How much does financial development contribute to renewable energy growth and upgrading of energy structure in China? [J]. Energy Policy, 2019 (128): 114-124.

[112] Jiang Y. , Tian G. , Wu Y. , Mo B. Impacts of geopolitical risks and economic policy uncertainty on Chinese tourism-listed company stock [J]. International Journal of Finance & Economics, 2022, 27 (1): 320-333.

[113] Jin Z. , Shang Y. , Xu J. The impact of government subsidies on private R&D and firm performance: Does ownership matter in China's manufacturing industry? [J]. Sustainability, 2018, 10 (7): 1-20.

[114] Johnson R. A. , Kast F. E. , Rosenzweig J. E. The theory and management of systems [M]. New York: McGraw-Hill Book Company, 1963.

[115] Johnson S. , McMillan J. , Woodruff C. Property rights and finance [J]. American Economic Review, 2002, 92 (5): 1335-1356.

[116] Keyuraphan S. , Thanarak P. , Ketjoy N. , Rakwichian W. Subsidy schemes of renewable energy policy for electricity generation in Thailand [J]. Procedia Engineering, 2012 (32): 440-448.

[117] Khoshnevis Yazdi S. , Shakouri B. Renewable energy, nonrenewable energy consumption, and economic growth [J]. Economics, Planning, and Policy, 2017, 12 (12): 1038-1045.

[118] Kim J. , Park K. Financial development and deployment of renewable energy technologies [J]. Energy Economics, 2016 (59): 238-250.

[119] Klapper L. F. , Richmond C. , Tran T. Civil conflict and firm performance: Evidence from cote d'Ivoire [EB/OL]. http: //documents. worldbank. org.

[120] Köksal C. , Katircioglu S. , Katircioglu S. The role of financial efficiency in renewable energy demand: Evidence from OECD countries [J]. Journal of Environmental Management, 2021 (285): 1-7.

[121] Komendantova N. , Patt A. , Barras L. , Battaglini A. Perception of risks in renewable energy projects: The case of concentrated solar power in North Africa [J]. Energy Policy, 2012 (40): 103-109.

[122] Kremer S. , Bick A. , Nautz D. Inflation and growth: New evidence from a dynamic panel threshold analysis [J]. Empirical Economics, 2013, 44 (2): 861-878.

[123] Lahiani A. , Mefteh-Wali S. , Shahbaz M. , Vo X. V. Does financial development influence renewable energy consumption to achieve carbon neutrality in the USA? [J]. Energy Policy, 2021 (158): 1-11.

[124] Lau C. K. How corporate derivatives use impact firm performance? [J]. Pacific-Basin Finance Journal, 2016 (40): 102-114.

[125] Lee C. C. , Wang E. Z. Economic complexity and income inequality: Does country risk matter? [J]. Social Indicators Research, 2021, 154 (1): 35-60.

［126］Lee E. , Walker M. , Zeng C. Do Chinese government subsidies affect firm value? ［J］. Accounting, Organizations and Society, 2014, 39 （3）: 149-169.

［127］Lei W. , Liu L. , Hafeez M. , Sohail S. Do economic policy uncertainty and financial development influence the renewable energy consumption levels in China? ［J］. Environmental Science and Pollution Research, 2022, 29 （5）: 7907-7916.

［128］Lemmon M. L. , Lins K. V. Ownership structure, corporate governance, and firm value: Evidence from the East Asian financial crisis ［J］. The Journal of Finance, 2003, 58 （4）: 1445-1468.

［129］Lesser J. A. Wind generation patterns and the economics of wind subsidies ［J］. The Electricity Journal, 2013, 26 （1）: 8-16.

［130］Li H. , Meng L. , Wang Q. , Zhou L. A. Political connections, financing and firm performance: Evidence from Chinese private firms ［J］. Journal of Development Economics, 2008, 87 （2）: 283-299.

［131］Li J. , Li J. , Zhu X. , Yao Y. , Casu B. Risk spillovers between FinTech and traditional financial institutions: Evidence from the US ［J］. International Review of Financial Analysis, 2020 （71）: 1-13.

［132］Li T. , Sun L. , Zou L. State ownership and corporate performance: A quantile regression analysis of Chinese listed companies ［J］. China Economic Review, 2009, 20 （4）: 703-716.

［133］Li Z. Earnings-based delisting regulations and government subsidies ［J］. Australian Accounting Review, 2019, 29 （1）: 281-298.

［134］Lim C. Y. , Wang J. , Zeng C. C. China's "mercantilist" government subsidies, the cost of debt and firm performance ［J］. Journal of Banking & Finance, 2018 （86）: 37-52.

［135］Liu J. China's renewable energy law and policy: A critical review ［J］. Renewable and Sustainable Energy Reviews, 2019 （99）: 212-219.

［136］Liu R. , He L. , Liang X. , Yang X. , Xia Y. Is there any difference in the impact of economic policy uncertainty on the investment of traditional and renewable energy enterprises? —A comparative study based on regulatory effects ［J］. Journal of

Cleaner Production, 2020 (255): 1-13.

[137] Liu X., Zeng M. Renewable energy investment risk evaluation model based on system dynamics [J]. Renewable and Sustainable Energy Reviews, 2017 (73): 782-788.

[138] Loto M. A. Global economic downturn and the manufacturing sector performance in the Nigerian economy (a quarterly empirical analysis) [J]. Journal of Emerging Trends in Economics and Management Sciences, 2012, 3 (1): 38-45.

[139] Lucky E. O. I., Minai M. S. Re-investigating the effect of individual determinant, external factor and firm characteristics on small firm performance during economic downturn [J]. African Journal of Business Management, 2012, 6 (1): 229-237.

[140] Luo D., Chen K. C., Wu L. Political uncertainty and firm risk in China [J]. Review of Development Finance, 2017, 7 (2): 85-94.

[141] Luo G., Liu Y., Zhang L., Xu X., Guo Y. Do governmental subsidies improve the financial performance of China's new energy power generation enterprises? [J]. Energy, 2021a (227): 1-13.

[142] Luo X., Huang F., Tang X., Li J. Government subsidies and firm performance: Evidence from high-tech start-ups in China [J]. Emerging Markets Review, 2021b (49): 1-10.

[143] Maddala G. S., Wu S. A comparative study of unit root tests with panel data and a new simple test [J]. Oxford Bulletin of Economics and Statistics, 1999 (61): 631-652.

[144] Malik I. A., Abdullah A. B., Alam A., et al. Turn on the lights: Macroeconomic factors affecting renewable energy in Pakistan [J]. Renewable and Sustainable Energy Reviews, 2014 (38): 277-284.

[145] Mangena M., Tauringana V., Chamisa E. Corporate boards, ownership structure and firm performance in an environment of severe political and economic crisis [J]. British Journal of Management, 2012 (23): 23-41.

[146] Marques A. C., Fuinhas J. A., Manso J. P. A quantile approach to

identify factors promoting renewable energy in European countries [J]. Environmental and Resource Economics, 2011, 49 (3): 351-366.

[147] Matta S. , Appleton S. , Bleaney M. The microeconomic impact of political instability: Firm-level evidence from Tunisia [J]. Review of Development Economics, 2018, 22 (4): 1590-1619.

[148] Modigliani F. , Miller M. H. The cost of capital, corporation finance and the theory of investment [J]. The American Economic Review, 1958, 48 (3): 261-297.

[149] Mollah S. , Hassan M. K. , Al Farooque O. , Mobarek A. The governance, risk-taking, and performance of Islamic banks [J]. Journal of Financial Services Research, 2017, 51 (2): 195-219.

[150] Moretti L. Local financial development, socio-institutional environment, and firm productivity: Evidence from Italy [J]. European Journal of Political Economy, 2014 (35): 38-51.

[151] Mukhtarov S. , Humbatova S. , Hajiyev N. G. , Aliyev S. The financial development-renewable energy consumption nexus in the case of Azerbaijan [J]. Energies, 2020, 13 (23): 1-14.

[152] Nazir M. S. , Younus H. , Kaleem A. , Anwar Z. Impact of political events on stock market returns: Empirical evidence from Pakistan [J]. Journal of Economic and Administrative Sciences, 2014, 30 (1): 60-78.

[153] Nickell S. Biases in dynamic models with fixed effects [J]. Econometrica, 1981, 49 (6): 1417-1426.

[154] Nicolini M. , Tavoni M. Are renewable energy subsidies effective? Evidence from Europe [J]. Renewable and Sustainable Energy Reviews, 2017 (74): 412-423.

[155] Noor J. A. M. , Abdalla A. I. The Impact of financial risks on the firms' performance [J]. European Journal of Business and Management, 2014, 6 (5): 97-101.

[156] Onakoya A. B. Macroeconomic dynamics and the manufacturing output in Nigeria [J]. Mediterranean Journal of Social Sciences, 2018, 9 (2): 43-54.

［157］Ouyang Y. , Li P. On the nexus of financial development, economic growth, and energy consumption in China: New perspective from a GMM panel VAR approach ［J］. Energy Economics, 2018 (71): 238-252.

［158］Pacesila M. , Burcea S. G. , Colesca S. E. Analysis of renewable energies in European Union ［J］. Renewable and Sustainable Energy Reviews, 2016 (56): 156-170.

［159］Panagiotidis T. , Printzis P. Investment and uncertainty: Are large firms different from small ones? ［J］. Journal of Economic Behavior & Organization, 2021 (184): 302-317.

［160］Poměnková J. , Koráb P. Financial crisis and financing constraints of SMEs in Visegrad countries ［J］. Ekonomický Časopis (Slovak Journal of Economics), 2014, 62 (9): 887-902.

［161］Porter M. E. Competitive strategy ［J］. Measuring Business Excellence, 1997, 1 (2): 12-17.

［162］Powell D. Quantile treatment effects in the presence of covariates ［J］. Review of Economics and Statistics, 2020, 102 (5): 994-1005.

［163］Puck J. F. , Rogers H. , Mohr A. T. Flying under the radar: Foreign firm visibility and the efficacy of political strategies in emerging economies ［J］. International Business Review, 2013, 22 (6): 1021-1033.

［164］Qamruzzaman M. , Wei J. The asymmetric relationship between financial development, trade openness, foreign capital flows, and renewable energy consumption: Fresh evidence from panel NARDL investigation ［J］. Renewable Energy, 2020 (159): 827-842.

［165］Rajwani T. , Liedong T. A. Political activity and firm performance within nonmarket research: A review and international comparative assessment ［J］. Journal of World Business, 2015, 50 (2): 273-283.

［166］Raza S. A. , Shah N. , Qureshi M. A. , Qaiser S. , Ali R. , Ahmed F. Non-linear threshold effect of financial development on renewable energy consumption: Evidence from panel smooth transition regression approach ［J］. Environmental Science and Pollution Research, 2020, 27 (25): 32034-32047.

[167] Rosnes O. Subsidies for renewable energy in inflexible power markets [J]. Journal of Regulatory Economics, 2014, 46 (3): 318-343.

[168] Roxas B. , Chadee D. , Erwee R. Effects of rule of law on firm performance in South Africa [J]. European Business Review, 2012, 24 (5): 478-492.

[169] Saadaoui H. , Chtourou N. Do institutional quality, financial development, and economic growth improve renewable energy transition? Some evidence from Tunisia [J]. Journal of the Knowledge Economy, 2022 (12): 1-32.

[170] Saleem Jabari M. , Aga M. , Samour A. Financial sector development, external debt, and Turkey's renewable energy consumption [J]. PLoS One, 2022, 17 (5): 1-16.

[171] Shafiullah M. , Miah M. D. , Alam M. S. , Atif M. Does economic policy uncertainty affect renewable energy consumption? [J]. Renewable Energy, 2021 (179): 1500-1521.

[172] Shah I. H. , Hiles C. , Morley B. How do oil prices, macroeconomic factors and policies affect the market for renewable energy? [J]. Applied Energy, 2018 (215): 87-97.

[173] Shahbaz M. , Sinha A. , Raghutla C. , Vo X. V. Decomposing scale and technique effects of financial development and foreign direct investment on renewable energy consumption [J]. Energy, 2022 (238): 1-13.

[174] Shahzad F. , Saeed A. , Asim G. A. , et al. Political connections and firm performance: Further evidence using a generalised quantile regression approach [J]. IIMB Management Review, 2021, 33 (3): 205-213.

[175] Smith R. T. , Van Egteren H. Inflation, investment and economic performance: The role of internal financing [J]. European Economic Review, 2005, 49 (5): 1283-1303.

[176] Solomon D. C. , Muntean M. Assessment of financial risk in firm's profitability analysis [J]. Economy Transdisciplinarity Cognition, 2012, 15 (2): 58-67.

[177] Song C. Q. , Chang C. P. , Gong Q. Economic growth, corruption, and fi-

nancial development: Global evidence [J]. Economic Modelling, 2021 (94): 822-830.

[178] Sørensen B. E. , Wu L. , Yosha O. Output fluctuations and fiscal policy: U. S. state and local governments 1978-1994 [J]. European Economic Review, 2001, 45 (7): 1271-1310.

[179] Spence M. Job market signaling [J]. Quarterly Journal of Economics, 1973 (87): 355-374.

[180] Su C. W. , Umar M. , Khan Z. Does fiscal decentralization and eco-innovation promote renewable energy consumption? Analyzing the role of political risk [J]. Science of the Total Environment, 2021 (751): 1-12.

[181] Tambunan T. Entrepreneurship development: SMES in Indonesia [J]. Journal of Developmental Entrepreneurship, 2007, 12 (1): 95-118.

[182] Tao Q. , Sun Y. , Zhu Y. , Yang X. Political connections and government subsidies: Evidence from financially distressed firms in China [J]. Emerging Markets Finance and Trade, 2017, 53 (8): 1854-1868.

[183] Tran V. T. , Walle Y. M. , Herwartz H. The impact of local financial development on firm growth in Vietnam: Does the level of corruption matter? [J]. European Journal of Political Economy, 2020 (62): 1-19.

[184] Tugcu C. T. , Ozturk I. , Aslan A. Renewable and non-renewable energy consumption and economic growth relationship revisited: Evidence from G7 countries [J]. Energy Economics, 2012, 34 (6): 1942-1950.

[185] Uzar U. Political economy of renewable energy: Does institutional quality make a difference in renewable energy consumption? [J]. Renewable Energy, 2020 (155): 591-603.

[186] Wang X. , Li Z. , Shaikh R. , Ranjha A. R. , Batala L. K. Do government subsidies promote financial performance? Fresh evidence from China's new energy vehicle industry [J]. Sustainable Production and Consumption, 2021 (28): 142-153.

[187] Wang Y. , Chen C. R. , Chen L. , Huang Y. S. Overinvestment, inflation uncertainty, and managerial overconfidence: Firm level analysis of Chinese corporations [J]. The North American Journal of Economics and Finance, 2016 (38): 54-69.

[188] Wang Y., You J. Corruption and firm growth: Evidence from China [J]. China Economic Review, 2012, 23 (2): 415-433.

[189] Wojciech Przychodzen, Justyna Przychodzen. Determinants of renewable energy production in transition economies: A panel data approach [J]. Energy, 2020 (191): 1-11.

[190] Wu L., Broadstock D. C. Does economic, financial and institutional development matter for renewable energy consumption? Evidence from emerging economies [J]. International Journal of Economic Policy in Emerging Economies, 2015, 8 (1): 20-39.

[191] Xu J., Wang X., Liu F. Government subsidies, R&D investment and innovation performance: Analysis from pharmaceutical sector in China [J]. Technology Analysis & Strategic Management, 2021, 33 (5): 535-553.

[192] Yan X., Huang G. Behavior and influence mechanisms of enterprises using government subsidies: Evidence from China [J]. Technological and Economic Development of Economy, 2021, 27 (6): 1325-1356.

[193] Yang X., He L., Xia Y., Chen Y. Effect of government subsidies on renewable energy investments: The threshold effect [J]. Energy Policy, 2019 (132): 156-166.

[194] Yu F., Guo Y., Le-Nguyen K., et al. The impact of government subsidies and enterprises' R&D investment: A panel data study from renewable energy in China [J]. Energy Policy, 2016 (89): 106-113.

[195] Yu F., Wang L., Li X. The effects of government subsidies on new energy vehicle enterprises: The moderating role of intelligent transformation [J]. Energy Policy, 2020 (141): 1-8.

[196] Yue S., Lu R., Shen Y., Chen H. How does financial development affect energy consumption? Evidence from 21 transitional countries [J]. Energy Policy, 2019 (130): 253-262.

[197] Zhang H., Li L., Zhou D., Zhou P. Political connections, government subsidies and firm financial performance: Evidence from renewable energy manufactur-

ing in China [J]. Renewable Energy, 2014 (63): 330-336.

[198] Zhang H., Zheng Y., Zhou D., Zhu P. Which subsidy mode improves the financial performance of renewable energy firms? A panel data analysis of wind and solar energy companies between 2009 and 2014 [J]. Sustainability, 2015, 7 (12): 16548-16560.

[199] Zhang S., Andrews-Speed P., Zhao X., He Y. Interactions between renewable energy policy and renewable energy industrial policy: A critical analysis of China's policy approach to renewable energies [J]. Energy Policy, 2013 (62): 342-353.

[200] Zhang W., Chiu Y. B., Hsiao C. Y. Effects of country risks and government subsidies on renewable energy firms' performance: Evidence from China [J]. Renewable and Sustainable Energy Reviews, 2022 (158): 1-11.

[201] Zhang W., Chiu Y. B. Do country risks influence carbon dioxide emissions? A non-linear perspective [J]. Energy, 2020 (206): 1-14.

[202] Zhao B., Yang W. Does financial development influence CO_2 emissions? A Chinese province-level study [J]. Energy, 2020 (200): 1-13.

[203] Zhao P., Lu Z., Fang J., Paramati R., Jiang K. Determinants of renewable and non-renewable energy demand in China [J]. Structural Change and Economic Dynamics, 2020 (54): 202-209.

[204] Zheng M., Feng G. F., Jang C. L., Chang C. P. Terrorism and green innovation in renewable energy [J]. Energy Economics, 2021 (104): 1-12.

[205] Zhu Z., Liao H. Do subsidies improve the financial performance of renewable energy companies? Evidence from China [J]. Natural Hazards, 2019, 95 (1): 241-256.

附　录

附表 1　加入宏观控制变量后 ROE 的估计结果（不考虑交乘项）

模型	（1）	（2）	（3）	（4）
ROE（-1）	-0.1106*** (0.0019)	-0.1110*** (0.0023)	-0.1107*** (0.0020)	-0.1106*** (0.0019)
RISK	0.1770*** (0.0084)	-0.0149*** (0.0006)	-0.0295*** (0.0014)	-0.0207*** (0.0010)
LnSUB	-0.0013*** (0.0002)	-0.0008*** (0.0002)	-0.0013*** (0.0002)	-0.0013*** (0.0002)
SIZE	-0.0919*** (0.0043)	-0.1190*** (0.0045)	-0.0917*** (0.0043)	-0.0919*** (0.0043)
LnAGE	0.2435*** (0.0113)	0.2627*** (0.0120)	0.2437*** (0.0112)	0.2435*** (0.0113)
TOP	2.1165*** (0.0290)	2.1984*** (0.0305)	2.1175*** (0.0290)	2.1165*** (0.0290)
LEV	-0.8148*** (0.0080)	-0.7813*** (0.0068)	-0.8152*** (0.0080)	-0.8148*** (0.0080)
STAFF	-9.2661*** (0.1228)	-9.6866*** (0.1361)	-9.2773*** (0.1183)	-9.2661*** (0.1228)
GDPG	54.6792*** (1.8591)	89.0504*** (1.9644)	110.9987*** (2.7321)	97.3133*** (2.2781)
INF	2.8302*** (0.1702)	0.4184*** (0.0659)	-0.8634*** (0.0557)	-0.2441*** (0.0563)
TRADE	-1.6439*** (0.2014)	-6.6123*** (0.1382)	-8.1757*** (0.1899)	-7.2929*** (0.1599)

模型	（1）	（2）	（3）	（4）
个体固定效应	控制	控制	控制	控制
时间固定效应	控制	控制	控制	控制
样本量	1451	1451	1451	1451
AR（2）（p 值）	0.259	0.260	0.259	0.259
Sargan 检验（p 值）	0.851	0.917	0.851	0.851

注：模型（1）～模型（4）中的 RISK 分别为 ER、PR、FR 和 CR。AR（2）为二阶序列相关检验。***代表1%的显著性水平，括号内为标准误。

附表 2　加入宏观控制变量后 ROE 的估计结果（考虑交乘项）

模型	（1）	（2）	（3）	（4）
ROE（-1）	-0.1298*** （0.0008）	-0.0246*** （0.0001）	-0.1113*** （0.0013）	-0.0229*** （0.0001）
RISK	0.3241*** （0.0089）	-0.0296*** （0.0007）	0.1591*** （0.0030）	-0.0168*** （0.0011）
RISK×LnSUB	-0.0090*** （0.0001）	0.0008*** （0.0000）	-0.0114*** （0.0002）	-0.0004*** （0.0000）
LnSUB	0.3627*** （0.0043）	-0.0487*** （0.0020）	0.5329*** （0.0093）	0.0349*** （0.0034）
SIZE	-0.1731*** （0.0034）	-0.2103*** （0.0033）	-0.0701*** （0.0052）	-0.1940*** （0.0036）
LnAGE	0.2734*** （0.0087）	0.2305*** （0.0062）	0.2875*** （0.0084）	0.2672*** （0.0076）
TOP	2.2635*** （0.0248）	2.2318*** （0.0229）	2.2002*** （0.0240）	2.2414*** （0.0269）
LEV	-0.6457*** （0.0056）	-0.5063*** （0.0072）	-0.8389*** （0.0066）	-0.5023*** （0.0092）
STAFF	-9.8196*** （0.1260）	-9.1584*** （0.1047）	-9.4710*** （0.1441）	-10.0941*** （0.1068）
GDPG	57.6904*** （1.1531）	81.2002*** （1.6540）	115.1797*** （2.2016）	100.2749*** （1.7110）
INF	3.0451*** （0.1540）	1.0737*** （0.0561）	-1.1329*** （0.0650）	0.4239*** （0.0333）

续表

模型	（1）	（2）	（3）	（4）
TRADE	-2.3137*** (0.1648)	-6.4334*** (0.1056)	-8.3477*** (0.1489)	-7.7583*** (0.1071)
个体固定效应	控制	控制	控制	控制
时间固定效应	控制	控制	控制	控制
样本量	1451	1451	1451	1451
AR（2）（p 值）	0.248	0.303	0.225	0.317
Sargan 检验（p 值）	0.938	0.971	0.873	0.980

注：模型（1）~模型（4）中的 RISK 分别为 ER、PR、FR 和 CR。AR（2）为二阶序列相关检验。***代表 1% 的显著性水平，括号内为标准误。

附表3　加入宏观控制变量后国有和民营可再生能源企业 ROE 的估计结果（不考虑交乘项）

国有可再生能源企业				
模型	（1）	（2）	（3）	（4）
ROE（-1）	-0.2926*** (0.0106)	-0.3194*** (0.0283)	-0.3194*** (0.0283)	-0.3194*** (0.0283)
RISK	0.2500*** (0.0280)	-0.0278*** (0.0046)	-0.0562*** (0.0094)	-0.0393*** (0.0066)
LnSUB	0.0089*** (0.0016)	-0.0256*** (0.0029)	-0.0256*** (0.0029)	-0.0256*** (0.0029)
GDPG	39.2948*** (7.2669)	28.3864** (12.6456)	73.8517*** (15.5373)	47.8890*** (13.4415)
INF	-1.7100*** (0.4554)	-3.9904*** (0.5865)	-6.2278*** (0.7538)	-5.0526*** (0.6446)
TRADE	3.9523*** (0.8656)	-0.1748 (0.8829)	-3.5603*** (0.8131)	-1.8868** (0.7996)
企业层控制变量	控制	控制	控制	控制
个体固定效应	控制	控制	控制	控制
时间固定效应	控制	控制	控制	控制
样本量	694	694	694	694
AR（2）（p 值）	0.239	0.295	0.295	0.295
Sargan 检验（p 值）	0.348	0.843	0.843	0.843

续表

民营可再生能源企业				
模型	（5）	（6）	（7）	（8）
ROE （-1）	-0.2737***	-0.4680***	-0.4680***	-0.4680***
	（0.0127）	（0.0436）	（0.0436）	（0.0436）
RISK	0.3379***	-0.0274***	-0.0555***	-0.0388***
	（0.0166）	（0.0043）	（0.0087）	（0.0061）
LnSUB	0.0094***	0.0061***	0.0061***	0.0061***
	（0.0004）	（0.0016）	（0.0016）	（0.0016）
GDPG	77.1622***	68.9920***	113.8515***	88.2347***
	（5.7687）	（11.3722）	（13.7449）	（11.9501）
INF	3.4146***	0.7326*	-1.4750***	-0.316
	（0.2822）	（0.4314）	（0.5512）	（0.4607）
TRADE	1.5491***	-3.5012***	-6.8415***	-5.1903***
	（0.5486）	（0.8463）	（0.8542）	（0.8091）
企业层控制变量	控制	控制	控制	控制
个体固定效应	控制	控制	控制	控制
时间固定效应	控制	控制	控制	控制
样本量	757	757	757	757
AR （2） （p 值）	0.102	0.230	0.232	0.230
Sargan 检验 （p 值）	0.933	0.860	0.860	0.860

注：模型（1）和模型（5）中的 RISK 为 ER，模型（2）和模型（6）中的 RISK 为 PR，模型（3）和模型（7）中的 RISK 为 FR，模型（4）和模型（8）中的 RISK 为 CR。AR（2）为二阶序列相关检验。企业层控制变量包括 SIZE、LnAGE、TOP、LEV 和 STAFF，它们的估计结果与前文一致，为使表格简化，此处未报告其结果。***、** 和 * 分别代表 1%、5% 和 10% 的显著性水平，括号内为标准误。

附表 4   加入宏观控制变量后国有和民营可再生能源企业 ROE 的
估计结果（考虑交乘项）

国有可再生能源企业				
模型	（1）	（2）	（3）	（4）
ROE （-1）	-0.2518***	-0.2954***	-0.3132***	-0.2968***
	（0.0177）	（0.0138）	（0.0165）	（0.0147）
RISK	0.2215***	-0.0452***	-0.2350***	-0.0919***
	（0.0506）	（0.0067）	（0.0272）	（0.0113）

续表

国有可再生能源企业				
模型	（1）	（2）	（3）	（4）
RISK×LnSUB	−0.0024** (0.0011)	0.0014*** (0.0002)	0.0115*** (0.0014)	0.0035*** (0.0006)
LnSUB	0.1007** (0.0434)	−0.0825*** (0.0161)	−0.5338*** (0.0666)	−0.2621*** (0.0415)
GDPG	11.0047 (9.3689)	61.6584*** (6.2359)	88.0370*** (12.5925)	74.1007*** (8.3319)
INF	−0.5046 (0.6701)	−4.5278*** (0.4022)	−4.5415*** (0.8928)	−5.1618*** (0.4813)
TRADE	3.6269*** (1.2112)	−2.1914*** (0.4056)	−5.1496*** (0.5272)	−3.7449*** (0.4608)
企业层控制变量	控制	控制	控制	控制
个体固定效应	控制	控制	控制	控制
时间固定效应	控制	控制	控制	控制
样本量	694	694	694	694
AR（2）（p 值）	0.275	0.239	0.239	0.243
Sargan 检验（p 值）	0.898	0.937	0.939	0.938
民营可再生能源企业				
模型	（5）	（6）	（7）	（8）
ROE（−1）	−0.2665*** (0.0092)	−0.4662*** (0.1043)	−0.7861*** (0.1039)	−0.3725*** (0.0700)
RISK	0.4850*** (0.0224)	−0.0606*** (0.0144)	0.3314* (0.1865)	−0.0634*** (0.0114)
RISK×LnSUB	−0.0097*** (0.0006)	0.0021*** (0.0006)	−0.0242** (0.0114)	0.0014** (0.0006)
LnSUB	0.4018*** (0.0265)	−0.1228*** (0.0421)	1.1549** (0.5428)	−0.0980** (0.0435)
GDPG	77.6819*** (5.2431)	24.1656 (15.7235)	83.1136*** (18.7284)	74.6555*** (12.7172)
INF	3.0689*** (0.3008)	0.6059 (1.1331)	−1.9304* (1.0586)	−0.1739 (0.5069)
TRADE	1.3485*** (0.4803)	0.7527 (1.2579)	−3.4122*** (1.1941)	−4.2125*** (0.8921)

民营可再生能源企业				
模型	（5）	（6）	（7）	（8）
企业层控制变量	控制	控制	控制	控制
个体固定效应	控制	控制	控制	控制
时间固定效应	控制	控制	控制	控制
样本量	757	757	757	757
AR（2）（p 值）	0.110	0.955	0.635	0.434
Sargan 检验（p 值）	0.831	0.739	0.806	0.664

注：模型（1）和模型（5）中的 RISK 为 ER，模型（2）和模型（6）中的 RISK 为 PR，模型（3）和模型（7）中的 RISK 为 FR，模型（4）和模型（8）中的 RISK 为 CR。AR（2）为二阶序列相关检验。企业层控制变量包括 SIZE、LnAGE、TOP、LEV 和 STAFF，它们的估计结果与前文一致，为使表格简化，此处未报告其结果。＊＊＊、＊＊和＊分别代表 1%、15% 和 10% 的显著性水平，括号内为标准误。

附表 5　删除控制变量 GDPG 和 INF 后 ROA 的估计结果

BANK 为门槛变量				
模型	（1）	（2）	（3）	（4）
$\hat{\beta}_1$	-0.0017＊＊＊ （0.0003）	0.0008＊＊＊ （0.0001）	-0.0025＊＊＊ （0.0003）	-0.0018＊＊＊ （0.0002）
$\hat{\beta}_2$	-0.0023＊＊＊ （0.0002）	0.0013＊＊＊ （0.0001）	-0.0032＊＊＊ （0.0003）	-0.0016＊＊＊ （0.0002）
RISK	0.0058＊＊ （0.0027）	-0.0025＊＊ （0.0012）	0.0127＊＊＊ （0.0033）	0.0055＊ （0.0032）
LnSUB	0.0704＊＊＊ （0.0106）	-0.0539＊＊＊ （0.0080）	0.1212＊＊＊ （0.0133）	0.1391＊＊＊ （0.0172）
控制变量	控制	控制	控制	控制
$\hat{\gamma}$	2.1393	-1.1206	2.1393	2.0251
样本量	1649	1649	1649	1649
STOCK 为门槛变量				
模型	（1）	（2）	（3）	（4）
$\hat{\beta}_1$	-0.0004＊＊＊ （0.0001）	0.0002＊＊ （0.0001）	-0.0005＊＊ （0.0002）	-0.0025＊＊＊ （0.0004）
$\hat{\beta}_2$	-0.0003＊＊ （0.0001）	0.0019＊＊＊ （0.0002）	-0.0004＊＊ （0.0002）	-0.0026＊＊＊ （0.0004）

续表

STOCK 为门槛变量				
模型	（1）	（2）	（3）	（4）
RISK	−0.0065*** （0.0011）	0.0030** （0.0012）	0.0009 （0.0019）	0.0127*** （0.0041）
LnSUB	0.0146*** （0.0055）	−0.0131** （0.0064）	0.0184** （0.0082）	0.2009*** （0.0303）
控制变量	控制	控制	控制	控制
$\hat{\gamma}$	0.5804	1.6335	−0.8478	−0.7277
样本量	1649	1649	1649	1649

CFD 为门槛变量				
模型	（1）	（2）	（3）	（4）
$\hat{\beta}_1$	−0.0019*** （0.0002）	0.0007*** （0.0002）	−0.0022*** （0.0002）	0.0007*** （0.0002）
$\hat{\beta}_2$	−0.0011*** （0.0002）	0.0014*** （0.0002）	−0.0016*** （0.0003）	0.0012*** （0.0002）
RISK	0.0213*** （0.0028）	−0.0115*** （0.0016）	0.0102*** （0.0023）	−0.0203*** （0.0026）
LnSUB	0.0732*** （0.0078）	−0.0488*** （0.0121）	0.1013*** （0.0114）	−0.0562*** （0.0145）
控制变量	yes	yes	yes	yes
$\hat{\gamma}$	−0.1409	−0.5650	−0.1409	−0.1409
样本量	1649	1649	1649	1649

注：模型（1）~模型（4）中的 RISK 分别为 ER、PR、FR 和 CR。$\hat{\beta}_1$ 代表在低金融发展区制下，RISK×LnSUB 对可再生能源企业财务绩效的影响；$\hat{\beta}_2$ 代表在高金融发展区制下，RISK×LnSUB 对可再生能源企业财务绩效的影响。***、** 和 * 分别代表1%、5%和10%的显著性水平，括号内为标准误。

附表6 删除控制变量 GDPG 和 INF 后 ROE 的估计结果

BANK 为门槛变量				
模型	（1）	（2）	（3）	（4）
$\hat{\beta}_1$	−0.0551*** （0.0034）	0.0271*** （0.0010）	−0.0186** （0.0077）	−0.0191*** （0.0017）

BANK 为门槛变量

模型	（1）	（2）	（3）	（4）
$\hat{\beta}_2$	-0.0559^{***}	0.0350^{***}	-0.0188^{**}	-0.0161^{***}
	（0.0035）	（0.0011）	（0.0079）	（0.0016）
RISK	0.3736^{***}	-0.0915^{***}	0.3091^{***}	0.0598
	（0.0591）	（0.0286）	（0.1030）	（0.0461）
LnSUB	2.2252^{***}	-1.9068^{***}	0.8520^{**}	1.4847^{***}
	（0.1413）	（0.0675）	（0.3610）	（0.1295）
控制变量	控制	控制	控制	控制
$\hat{\gamma}$	-1.6105	-0.5682	2.0251	2.0251
样本量	1649	1649	1649	1649

STOCK 为门槛变量

模型	（1）	（2）	（3）	（4）
$\hat{\beta}_1$	-0.1329^{***}	0.0052^{***}	-0.1731^{***}	-0.0144^{***}
	（0.0104）	（0.0002）	（0.0363）	（0.0017）
$\hat{\beta}_2$	-0.1307^{***}	0.0049^{***}	-0.1716^{***}	-0.0151^{***}
	（0.0105）	（0.0003）	（0.0353）	（0.0017）
RISK	1.0017^{***}	-0.0325^{**}	1.4698^{***}	0.2542^{***}
	（0.1145）	（0.0155）	（0.2648）	（0.0302）
LnSUB	5.2223^{***}	-0.3369^{***}	7.8924^{***}	1.1305^{***}
	（0.4228）	（0.0160）	（1.6777）	（0.1243）
控制变量	控制	控制	控制	控制
$\hat{\gamma}$	-0.3092	-1.0163	-1.0163	-0.3092
样本量	1649	1649	1649	1649

CFD 为门槛变量

模型	（1）	（2）	（3）	（4）
$\hat{\beta}_1$	-0.1584^{***}	0.0271^{***}	-0.1915^{***}	-0.0146^{***}
	（0.0122）	（0.0010）	（0.0185）	（0.0017）
$\hat{\beta}_2$	-0.1547^{***}	0.0350^{***}	-0.1840^{***}	-0.0154^{***}
	（0.0123）	（0.0011）	（0.0183）	（0.0017）
RISK	1.7131^{***}	-0.0915^{***}	1.8368^{***}	0.2756^{***}
	（0.1866）	（0.0286）	（0.2415）	（0.0308）
LnSUB	6.1784^{***}	-1.9068^{***}	8.6917^{***}	1.1535^{***}
	（0.5013）	（0.0675）	（0.8713）	（0.1249）

CFD 为门槛变量				
模型	(1)	(2)	(3)	(4)
控制变量	控制	控制	控制	控制
$\hat{\gamma}$	−1.1142	−0.5650	0.6550	−1.3534
样本量	1649	1649	1649	1649

注：模型（1）~模型（4）中的 RISK 分别为 ER、PR、FR 和 CR。$\hat{\beta}_1$ 代表在低金融发展区制下，RISK×LnSUB 对可再生能源企业财务绩效的影响；$\hat{\beta}_2$ 代表在高金融发展区制下，RISK×LnSUB 对可再生能源企业财务绩效的影响。＊＊＊ 和 ＊＊ 分别代表1%和5%的显著性水平，括号内为标准误。

附表7　删除控制变量 GDPG、INF 和 TOP 后 ROA 的估计结果

BANK 为门槛变量				
模型	(1)	(2)	(3)	(4)
$\hat{\beta}_1$	−0.0015＊＊＊ (0.0003)	0.0014＊＊＊ (0.0001)	−0.0020＊＊＊ (0.0002)	−0.0014＊＊＊ (0.0002)
$\hat{\beta}_2$	−0.0021＊＊＊ (0.0003)	0.0022＊＊＊ (0.0001)	−0.0026＊＊＊ (0.0002)	−0.0013＊＊＊ (0.0002)
RISK	0.0058＊＊ (0.0025)	−0.0052＊＊＊ (0.0020)	0.0081＊＊＊ (0.0019)	0.0051＊ (0.0029)
LnSUB	0.0610＊＊＊ (0.0120)	−0.0987＊＊＊ (0.0060)	0.0948＊＊＊ (0.0096)	0.1152＊＊＊ (0.0152)
控制变量	控制	控制	控制	控制
$\hat{\gamma}$	2.1393	0.0665	2.1393	2.0251
样本量	1649	1649	1649	1649

STOCK 为门槛变量				
模型	(1)	(2)	(3)	(4)
$\hat{\beta}_1$	−0.0003＊＊ (0.0001)	0.0002＊＊ (0.0001)	−0.0003＊ (0.0002)	−0.0019＊＊＊ (0.0002)
$\hat{\beta}_2$	−0.0002＊＊ (0.0001)	0.0018＊＊＊ (0.0003)	−0.0002 (0.0002)	−0.0020＊＊＊ (0.0002)
RISK	−0.0084＊＊＊ (0.0011)	0.0056＊＊＊ (0.0019)	−0.0022 (0.0019)	0.0208＊＊＊ (0.0022)
LnSUB	0.0126＊＊ (0.0054)	−0.0095 (0.0058)	0.0123 (0.0082)	0.1533＊＊＊ (0.0147)

续表

STOCK 为门槛变量				
模型	（1）	（2）	（3）	（4）
控制变量	控制	控制	控制	控制
$\hat{\gamma}$	0.5804	1.6335	−0.8478	−0.7277
样本量	1649	1649	1649	1649

CFD 为门槛变量				
模型	（1）	（2）	（3）	（4）
$\hat{\beta}_1$	−0.0011 *** （0.0002）	0.0009 *** （0.0002）	−0.0016 *** （0.0002）	0.0011 *** （0.0001）
$\hat{\beta}_2$	−0.0003 （0.0002）	0.0015 *** （0.0002）	−0.0009 *** （0.0003）	0.0016 *** （0.0002）
RISK	0.0115 *** （0.0027）	−0.0104 *** （0.0014）	0.0061 *** （0.0023）	−0.0222 *** （0.0027）
LnSUB	0.0411 *** （0.0086）	−0.0614 *** （0.0107）	0.0743 *** （0.0092）	−0.0852 *** （0.0115）
控制变量	控制	控制	控制	控制
$\hat{\gamma}$	−0.1409	−0.5650	−0.1409	−0.1409
样本量	1649	1649	1649	1649

注：模型（1）～模型（4）中的 RISK 分别为 ER、PR、FR 和 CR。$\hat{\beta}_1$ 代表在低金融发展区制下，RISK×LnSUB 对可再生能源企业财务绩效的影响；$\hat{\beta}_2$ 代表在高金融发展区制下，RISK×LnSUB 对可再生能源企业财务绩效的影响。*** 、** 和 * 分别代表 1%、5% 和 10% 的显著性水平，括号内为标准误。

附表 8　删除控制变量 GDPG、INF 和 TOP 后 ROE 的估计结果

BANK 为门槛变量				
模型	（1）	（2）	（3）	（4）
$\hat{\beta}_1$	−0.0433 *** （0.0028）	0.0274 *** （0.0008）	−0.0178 ** （0.0077）	−0.0074 *** （0.0010）
$\hat{\beta}_2$	−0.0395 *** （0.0025）	0.0339 *** （0.0009）	−0.0182 ** （0.0079）	−0.0050 *** （0.0009）
RISK	0.4010 *** （0.0546）	−0.0582 *** （0.0153）	0.3028 *** （0.1029）	0.0696 *** （0.0236）
LnSUB	1.7586 *** （0.1186）	−1.8933 *** （0.0533）	0.8133 ** （0.3621）	0.5826 *** （0.0761）

续表

BANK 为门槛变量				
模型	（1）	（2）	（3）	（4）
控制变量	控制	控制	控制	控制
$\hat{\gamma}$	2.0251	−0.5682	2.0251	2.0251
样本量	1649	1649	1649	1649

STOCK 为门槛变量				
模型	（1）	（2）	（3）	（4）
$\hat{\beta}_1$	−0.1969***	0.0059***	−0.1895***	−0.0062***
	（0.0187）	（0.0002）	（0.0286）	（0.0008）
$\hat{\beta}_2$	−0.1923***	0.0058***	−0.1859***	−0.0066***
	（0.0180）	（0.0002）	（0.0279）	（0.0009）
RISK	1.3280***	−0.0158***	1.1442***	0.2366***
	（0.1250）	（0.0051）	（0.2196）	（0.0229）
LnSUB	7.7017***	−0.3913***	8.6416***	0.4924***
	（0.7403）	（0.0126）	（1.3287）	（0.0657）
控制变量	控制	控制	控制	控制
$\hat{\gamma}$	−1.0163	−1.0163	−1.0163	−0.7277
样本量	1649	1649	1649	1649

CFD 为门槛变量				
模型	（1）	（2）	（3）	（4）
$\hat{\beta}_1$	−0.0971***	0.0274***	−0.1075***	0.0101***
	（0.0066）	（0.0008）	（0.0134）	（0.0010）
$\hat{\beta}_2$	−0.0977***	0.0339***	−0.1046***	0.0122***
	（0.0068）	（0.0009）	（0.0134）	（0.0011）
RISK	1.0552***	−0.0582***	0.8517***	−0.0751***
	（0.0844）	（0.0153）	（0.1439）	（0.0157）
LnSUB	3.8314***	−1.8933***	4.9186***	−0.8040***
	（0.2691）	（0.0533）	（0.6390）	（0.0797）
控制变量	控制	控制	控制	控制
$\hat{\gamma}$	−1.1142	−0.5650	0.6550	−0.5650
样本量	1649	1649	1649	1649

注：模型（1）~模型（4）中的 RISK 分别为 ER、PR、FR 和 CR。$\hat{\beta}_1$ 代表在低金融发展区制下，RISK×LnSUB 对可再生能源企业财务绩效的影响；$\hat{\beta}_2$ 代表在高金融发展区制下，RISK×LnSUB 对可再生能源企业财务绩效的影响。***和**分别代表1%和5%的显著性水平，括号内为标准误。

附表 9　以营业收入增长率为被解释变量的估计结果

		BANK 为门槛变量		
模型	（1）	（2）	（3）	（4）
$\hat{\beta}_1$	0.0482 ***	0.0065 ***	0.0492 ***	0.0319 ***
	（0.0054）	（0.0016）	（0.0037）	（0.0087）
$\hat{\beta}_2$	0.0469 ***	0.0059 ***	0.0446 ***	0.0307 ***
	（0.0053）	（0.0020）	（0.0037）	（0.0089）
RISK	−1.1678 ***	−0.0218	−0.8854 ***	0.2546
	（0.1406）	（0.0399）	（0.3174）	（0.6308）
LnSUB	−1.9185 ***	−0.4169 ***	−2.2251 ***	−2.4561 ***
	（0.2214）	（0.1082）	（0.1764）	（0.6646）
控制变量	控制	控制	控制	控制
$\hat{\gamma}$	2.0251	2.0251	−1.6105	2.0251
样本量	1563	1563	1563	1563
		STOCK 为门槛变量		
模型	（1）	（2）	（3）	（4）
$\hat{\beta}_1$	−0.0157 **	0.0038 **	−0.0167 ***	0.0208 **
	（0.0062）	（0.0018）	（0.0055）	（0.0085）
$\hat{\beta}_2$	−0.0104 *	0.0064 ***	−0.0122 **	0.0220 ***
	（0.0061）	（0.0018）	（0.0054）	（0.0083）
RISK	0.3624 *	0.0287	0.8562 *	0.4658
	（0.1927）	（0.0234）	（0.4479）	（0.6176）
LnSUB	0.5953 **	−0.2820 **	0.7452 ***	−1.6377 **
	（0.2418）	（0.1246）	（0.2533）	（0.6502）
控制变量	控制	控制	控制	控制
$\hat{\gamma}$	0.4487	0.4487	0.4487	0.4487
样本量	1563	1563	1563	1563
		CFD 为门槛变量		
模型	（1）	（2）	（3）	（4）
$\hat{\beta}_1$	0.0593 ***	0.0399 *	0.1825 ***	0.0268 **
	（0.0036）	（0.0210）	（0.0656）	（0.0126）
$\hat{\beta}_2$	0.0590 ***	0.0402 *	0.1793 ***	0.0275 **
	（0.0037）	（0.0213）	（0.0661）	（0.0126）
RISK	−1.1010 ***	−0.3449	−8.8045 **	0.5180
	（0.1789）	（0.2577）	（3.7428）	（0.9035）

续表

	CFD 为门槛变量			
模型	（1）	（2）	（3）	（4）
LnSUB	−2. 4090 *** （0. 1468）	−2. 7283 * （1. 4428）	−8. 6851 *** （3. 1199）	−2. 1233 ** （0. 9663）
控制变量	控制	控制	控制	控制
$\hat{\gamma}$	0. 6550	−1. 3534	1. 1617	−1. 3534
样本量	1563	1563	1563	1563

注：模型（1）~模型（4）中的 RISK 分别为 ER、PR、FR 和 CR。$\hat{\beta}_1$ 代表在低金融发展区制下，RISK×LnSUB 对可再生能源企业财务绩效的影响；$\hat{\beta}_2$ 代表在高金融发展区制下，RISK×LnSUB 对可再生能源企业财务绩效的影响。***、** 和 * 分别代表 1%、5% 和 10% 的显著性水平，括号内为标准误。

附表 10　以营业利润增长率为被解释变量的估计结果

	BANK 为门槛变量			
模型	（1）	（2）	（3）	（4）
$\hat{\beta}_1$	−0. 1235 *** （0. 0281）	−0. 1204 *** （0. 0207）	−1. 2135 （0. 8178）	−0. 1628 ** （0. 0824）
$\hat{\beta}_2$	−0. 1674 *** （0. 0299）	−0. 1421 *** （0. 0250）	−1. 3976 * （0. 8349）	−0. 1513 * （0. 0886）
RISK	16. 8276 *** （0. 5829）	0. 4774 （0. 4133）	114. 9418 ** （55. 4833）	−2. 7242 （5. 6350）
LnSUB	5. 6240 *** （1. 1178）	8. 5824 *** （1. 4241）	59. 0014 （39. 0065）	12. 9751 ** （6. 3569）
控制变量	控制	控制	控制	控制
$\hat{\gamma}$	2. 1393	2. 1393	2. 1393	2. 1393
样本量	1278	1278	1278	1278

	STOCK 为门槛变量			
模型	（1）	（2）	（3）	（4）
$\hat{\beta}_1$	0. 2618 * （0. 1427）	−0. 1164 *** （0. 0208）	0. 1127 *** （0. 0415）	−0. 2422 ** （0. 1029）
$\hat{\beta}_2$	0. 2476 * （0. 1380）	−0. 1160 *** （0. 0204）	0. 1152 *** （0. 0408）	−0. 2344 ** （0. 1008）
RISK	10. 3130 （9. 6089）	0. 8130 * （0. 4775）	14. 0696 *** （2. 8164）	−1. 9843 （5. 8923）

续表

STOCK 为门槛变量				
模型	（1）	（2）	（3）	（4）
LnSUB	-9.9272^{*} （5.8549）	8.2872^{***} （1.4159）	-4.7469^{**} （1.9748）	19.0426^{**} （7.8852）
控制变量	控制	控制	控制	控制
$\hat{\gamma}$	-0.7277	0.4487	0.4487	0.4487
样本量	1278	1278	1278	1278

CFD 为门槛变量				
模型	（1）	（2）	（3）	（4）
$\hat{\beta}_1$	-0.1471^{***} （0.0279）	-0.0677^{**} （0.0324）	-1.2599 （0.8035）	-0.2139^{*} （0.1293）
$\hat{\beta}_2$	-0.1834^{***} （0.0281）	-0.1166^{***} （0.0371）	-1.3447^{*} （0.8103）	-0.2576^{*} （0.1378）
RISK	18.5239^{***} （0.61579）	-1.0606 （1.5284）	129.4058^{**} （55.2373）	-4.2588 （8.7041）
LnSUB	6.6862^{***} （1.1149）	5.2350^{**} （2.1872）	61.6495 （38.3526）	17.4266^{*} （10.0499）
控制变量	控制	控制	控制	控制
$\hat{\gamma}$	0.6550	1.1617	0.6550	0.6550
样本量	1278	1278	1278	1278

注：模型（1）~模型（4）中的 RISK 分别为 ER、PR、FR 和 CR。$\hat{\beta}_1$ 代表在低金融发展区制下，RISK×LnSUB 对可再生能源企业财务绩效的影响；$\hat{\beta}_2$ 代表在高金融发展区制下，RISK×LnSUB 对可再生能源企业财务绩效的影响。***、** 和 * 分别代表 1%、5% 和 10% 的显著性水平，括号内为标准误。